PRÉFACE DE L'EDITEUR.

Tous les éloges que nous pourrions donner au respectable Poivre n'ajouteraient rien à l'estime, nous dirons même à la vénération dont il jouit, et qu'il conservera toujours parmi ceux qui, comme lui, aiment leurs semblables et leur patrie. Nous nous bornerons donc à présenter quelques détails sur cette édition de ses œuvres. Si elle ne l'emportait sur les précédentes que par la correction et la beauté de l'exécution, nous laisserions aux amateurs de la belle typographie le soin de relever ces avantages; mais nous osons aussi assurer qu'elle est plus complette que les autres. Nous avons été assez heureux pour découvrir quelques productions du même auteur, qui avaient échappé à nos prédécesseurs, sans doute, à cause des recherches qu'il fallait faire pour se les procurer. Sa *lettre sur la teinture des indiens* (1), par exemple, doit être d'un intérêt majeur aux yeux des chimistes. Nous l'avons déterrée dans le *recueil des lettres édifiantes*, où peu de personnes auraient été la chercher.

Quant à nos propres observations, il ne nous appartient pas de prévenir le jugement du public; nous pouvons assurer qu'elles ont été faites d'après des renseignemens exacts, ou d'après des voyageurs capables de faire autorité, et nous n'avons jamais parlé de notre auteur qu'avec les égards qui lui sont dus.

Paris, germinal, an 5.^e

L. L.

---

(1) Voyez pag. 273.

ŒUVRES

COMPLETTES

DE P. POIVRE,

Intendant des Isles de France et de Bourbon, correspondant de l'académie des sciences, etc.;

Précédées de sa vie, et accompagnées de notes.

A PARIS,

Chez FUCHS, libraire, rue des Mathurins, N.º 334.

1797.

NOTICE
SUR LA VIE
DE P. POIVRE,

Ancien intendant des Isles de France et de Bourbon (1).

Pierre Poivre était né à Lyon, au mois d'août 1719, d'une famille commerçante. Il montra, dès son enfance, un esprit doux et facile, les plus grandes dispositions pour les lettres et pour les arts, un caractère bienfaisant, qui lui faisait desirer d'être utile à ceux qu'il connaissait, et à ceux qu'il ne connaissait pas.

Ses études furent brillantes. Il les avait finies dans un âge encore très-tendre, et

---

(1) Cette notice a été composée et imprimée en 1786, c'est-à-dire, peu de tems après la mort de Poivre.

A

commençait un cours de théologie à la communauté des missionnaires de S. Joseph, à Lyon, dont le supérieur était ami de sa famille, lorsque les jésuites, qui ne négligeaient rien, firent attention aux succès d'un élève qu'ils ne formaient pas, et qui croissait dans une maison avec laquelle ils avaient un point de rivalité. Ils cherchèrent à persuader au jeune Poivre de préférer leurs professeurs et leur compagnie.

Ils représentèrent en même tems à l'archevêque de Lyon (1), le danger de laisser imprégner un enfant heureusement né de principes qui n'étaient pas les siens. Cette seconde démarche détruisit l'effet de la première, et peut-être sans elle Poivre eût-il été jésuite; mais il vit, avec le sentiment naturel de résistance, que toute apparence de contrainte inspire aux caractères nobles, que l'on songeât à porter atteinte à sa liberté

---

(1) De Rochebonne.

dans le choix de ses maîtres; et il pria ses parens de le faire passer à Paris, dans la congrégation des missions étrangères. Il y vint, il y finit son éducation, il s'y distingua.

L'étude de la philosophie, celle de la théologie, l'instruction des cathéchumènes, qui lui fut confiée, et des connaissances qui lui firent honneur dans le tems, ne furent pas les seules occupations auxquelles il se livra dans cette maison respectable. Il s'appliqua avec succès au dessin et à la peinture, qu'il regardait comme un délassement, comme un moyen de réussir mieux dans les pays qu'il se proposait déjà de parcourir, et comme celui d'en rapporter plus de connaissances utiles dans sa patrie.

L'éducation chez des missionnaires donne nécessairement le goût des voyages; et quelques notes écrites par Poivre, indiquent qu'en embrassant l'état de ses instituteurs, il envisageait, outre l'avantage de servir la religion, celui de s'éclairer sur les mœurs, les usages, la culture, l'industrie des nations qu'il aurait à observer, et de procurer à l'Europe quelques-unes des productions les plus précieuses de l'Asie, de l'Afrique et de l'Amérique. Il semblait prévoir sa destinée.

Les supérieurs des missions étrangères se hâtèrent de l'affilier à leur corps et de l'associer à leurs travaux. Ils l'envoyèrent en Chine, et lui prescrivirent de passer ensuite à la Cochinchine, quoiqu'il ne fût pas encore engagé dans les ordres.

Dans une relâche qu'il fit avant d'arriver à Kanton, il reçut d'une main trompée ou perfide, une lettre en chinois, qu'on lui dit être de recommandation, et dans laquelle, au contraire, un chinois qui avait été offensé par un européen, dénonçait cet européen, qu'il croyait devoir être le porteur de sa lettre, comme un coupable dont la nation chinoise avait à se plaindre, et qui méritait la mort.

Le jeune homme, rempli de confiance,

se hâta de présenter la lettre au premier mandarin dont il put approcher, et fut mis en prison. Les prisons sont très-douces à la Chine (1); il y apprit la langue. Le vice-roi de Kanton, intéressé par sa contenance noble, douce, patiente, grave, presque asiatique, touché de son ingénuité, indigné d'une si odieuse trahison, devint son protecteur, et lui procura toutes les facilités qu'on refuse ordinairement aux européens pour voir l'intérieur du pays.

Il y avait séjourné à peu près deux ans, lorsque se présenta l'occasion qu'il attendait pour aller à la Cochinchine avec les missionnaires qu'il accompagnait. Il s'y rendit, et y passa deux autres années. Le vice-roi de Kanton avait approuvé et facilité ce voyage; et, à son retour, Poivre retrouva

---

(1) Ainsi qu'au Japon, comme on peut s'en convaincre, par les détails curieux rapportés par Thunberg. *Edit.*

au même degré toutes les bontés de ce grand mandarin, qu'il suivit dans plusieurs tournées, et dont il ne s'écarta presque plus pendant un an.

Le crédit qu'il avait acquis auprès de lui, procura souvent une plus prompte et meilleure justice aux autres français, et fut très-utile aux intérêts de la compagnie des Indes. Le ministère de France fut instruit qu'à l'extrémité de l'Asie, un jeune missionnaire avait rendu des services essentiels à la nation.

Poivre avait montré, dès l'enfance, la même raison, le même esprit d'ordre et d'observation qu'il a developpés ensuite dans les différentes époques de sa vie. Sa grande jeunesse, lorsqu'il habitait en Chine, ne l'a point empêché de porter un jugement juste et solide sur les chinois. Ayant pu observer réellement leurs mœurs et l'esprit de leur gouvernement, il avait pris pour cette fameuse nation une estime que n'en ont point conçue nos commerçans qui n'ont traité qu'avec ses revendeurs, et par le ministère de courtiers avides, dans un port de mer éloigné du centre de l'empire. Des chinois qui arriveraient en Europe, qui n'y séjourneraient pas plus long-tems, et qui n'y pénétreraient pas plus avant que ne le font nos navigateurs à la Chine, pourraient remporter une idée très-mauvaise, très-exagérée, très-injuste de nos usages, de nos mœurs, de nos lois, et même de notre administration.

En 1745, Poivre revenait en France pour revoir sa famille, rendre irrévocables ses liens religieux, et retourner ensuite au bout du monde où l'appelait son zèle. Le vaisseau qui le portait fut attaqué, dans le détroit de Banca, par un anglais supérieur en force, et combattit. Il y a dans les ames très-élevées, même avec le caractère le plus doux, une répugnance naturelle à fuir le danger : pendant tout le combat,

Poivre se porta sur la galerie, sur le gaillard, sur le tillac, par-tout où il se crut le plus utile, aidant à la manœuvre, exhortant les soldats et les matelots, et sur-tout secourant les blessés ; un boulet de canon lui emporta le poignet.

Pour donner une idée de la sérénité de son ame, nous dirons que le premier mot qu'il prononça, en se voyant un bras de moins, fut : *Je ne pourrai plus peindre.* Cet amusement était alors pour lui une espèce de passion; et si on la regardait comme une faiblesse chez cet homme sage, qui s'est toujours montré au-dessus des autres passions, nous remarquerions que le dessin et la peinture sont de la plus grande utilité pour un missionnaire ; que le séjour d'un vaisseau nécessite un goût décidé pour quelque occupation manuelle, et qu'il n'en est point de plus propre à exercer à-la-fois l'imagination, l'observation, la réflexion et l'esprit.

Peu de momens après la blessure de

Poivre, le vaisseau fut pris. Le missionnaire, jetté à fond de cale, resta vingt-quatre heures sans être pansé; la gangrène s'était établie, il fallut faire l'amputation plus haut. L'opération se fit à bord des anglais, et par leur chirurgien. A peine était-elle finie, avant que l'appareil fût posé, le feu prit au bâtiment. Tout le monde y courut, et le chirurgien comme les autres; Poivre, abandonné, perdit une grande quantité de sang, et bientôt la connaissance: peut-être fut-ce un bien, cette énorme saignée ayant prévenu et affaibli la fièvre inflammatoire, dont le danger est extrême sous le climat brûlant de l'Inde.

La vie est une si singulière énigme, qu'on ne peut jamais savoir si les événemens qu'elle présente sont avantageux ou funestes. L'accident grave que venait d'essuyer Poivre, fut la source de presque tout le bien qu'il a fait, et de tout le bonheur qu'il a éprouvé. Quelle qu'eût été sa carrière, il y eût certainement déployé beaucoup de zèle, de talens et de vertus; et les missions étrangères auxquelles il s'était consacré, présentent sans doute de grands objets d'utilité religieuse et même civile. Mais s'il fût resté missionnaire, comme il n'y aurait pas manqué sans sa blessure, il n'aurait pas été administrateur; il n'aurait pas donné d'importantes instructions et de touchans exemples à ceux qui le seront après lui ; il n'aurait pas goûté toutes les douceurs de la vie domestique et patriarchale ; il n'aurait pas épousé une femme du mérite le plus rare, et laissé trois filles d'une intéressante espérance. Ainsi la providence a compensé avec usure, pour lui et pour nous, la perte de son bras.

Il en avait fait, dans le même combat, une autre qui n'a pas été réparée. C'est celle du journal de tout ce qu'il avait remarqué à la Chine, à la Cochinchine, à Macao, auquel étaient joints un grand nombre de dessins précieux. Cette perte est d'autant plus fâcheuse, que rien n'est aussi propre à faire connaître les mœurs, les principes et les usages d'une nation, les vices ou la bonté de son gouvernement, qu'un journal tenu régulièrement par un homme éclairé qui peint les choses telles qu'il les voit, telles qu'elles sont, sans prétention, sans chercher à écrire l'histoire, sans penser à se faire jamais imprimer.

Le vaisseau dans lequel il fut pris, s'appelait *le Dauphin* ; le commandant de l'escadre anglaise était *l'amiral Barnet*, qui montait *le Deptford*, il y a quarante ans.

Les anglais, qui manquaient de vivres, étaient embarrassés de leurs prisonniers. Ils les conduisirent à Batavia, et leur y rendirent la liberté. Ce fut pendant le séjour de Poivre dans cette capitale des établissemens hollandais, que, toujours occupé de vues utiles, il prit des connaissances réfléchies sur la culture des épiceries précieuses que les hollandais possédaient alors exclusivement, et sur les îles où elles sont indigènes. Il avait formé dès-lors le projet qu'il a depuis réalisé, d'en enrichir un jour son pays.

Il s'embarqua, au bout de quatre mois, avec le reste des français, pour aller hiverner à *Mergui* (1), port du royaume de Siam, et de là se rendre à Pondichéry. Le bâtiment était très-mauvais; il essuya des tempêtes affreuses, et courut le plus grand danger. Poivre, qui ne pouvait aider à la manœuvre, conservait son sang-froid, et rédigeait ses observations. C'est dans ce voyage et dans les relâches forcées auxquelles son navire fut obligé, qu'il s'instruisit avec exactitude des mœurs de la

---

(1) C'est aussi le nom d'un archipel de l'Inde, dont le capitaine Forrest nous a donné une excellente *description* en anglais, avec de nombreuses cartes géographiques. Londres, 1792. In-4.º, un volume. *Note de l'éditeur.*

nation malaise, de celles des siamois, et de leur gouvernement. Il n'avait pas vingt-sept ans, et déjà il savait juger du bonheur des peuples par l'état de leur agriculture.

De retour à Pondichéry, Poivre s'y trouva pendant l'expédition de Madras si brillante, et les querelles si funestes de *Du Pleix* et *De la Bourdonnais*. Il blâma également ces deux hommes, si habiles d'ailleurs, si célèbres, et qu'il voulut en vain concilier. Il suivit à l'Isle de France le second, plus disposé à l'écouter. L'escadre qui les ramenait tous deux en Europe, fit plusieurs relâches à la côte d'Afrique, et une dernière à la Martinique, où les vaisseaux se trouvèrent retenus par la guerre.

Poivre, qui avait recueilli sur l'Inde tant de lumières qui pouvaient y décider du sort de la nation, pressé par son zèle de les mettre sous les yeux du gouvernement, gagna dans un canot l'île de Saint-Eustache, où il s'embarqua pour l'Europe sur un senau hollandais.

Il fut pris à l'entrée de la Manche par un corsaire de Saint-Malo, repris quatre jours après par une frégate anglaise, conduit à Guernesey, et rendu au bout de huit jours, sur la signature de la paix.

Les curieuses observations et les grandes vues qu'il rapportait de l'Asie, jointes à la perfection avec laquelle il parlait le chinois, le cochinchinois, le malai, fixèrent sur lui l'attention de la compagnie des Indes, et le firent choisir, dans l'année 1749, pour aller en qualité de ministre du roi, à la Cochinchine, fonder, sur des liaisons d'amitié, une nouvelle branche de commerce.

Poivre montra, dans cette mission, des talens supérieurs, une probité délicate, une étonnante activité, une dignité sage; et dans le compte qu'il en rendit, une modestie presque inconcevable. Il y eut tout le succès qu'il pouvait desirer.

Le roi de la Cochinchine, surpris de trouver un jeune européen avec lequel il pouvait converser sans interprète, prit pour lui la plus grande affection, et lui témoigna les bontés les plus distinguées.

C'était un prince sensible et généreux, mais faible et inappliqué. On voit dans le journal que Poivre a fait de son séjour auprès de lui, et qu'on se propose de donner au public, toutes les vexations, tous les pillages, toutes les basses manœuvres que se permettaient les mandarins et les courtisans d'un roi qui ne croyait pas mal faire en se livrant à ses passions; et l'inertie, la misère d'un peuple soumis à un despote à qui l'on avait persuadé qu'il était de sa dignité de végéter dans son palais.

Poivre, de retour à l'Isle de France, déposa dans les magasins de la compagnie jusques aux présens particuliers qu'il avait reçus de ce souverain. Un trait peindra son désintéressement ingénu. Il écrivait à la compagnie des Indes : *Je vous ai remplacé telle chose ; de mon argent, parce que je m'étais laissé voler par ma faute ; et il n'est pas juste que vous supportiez cette perte.* On peut demander aux trois compagnies anglaises, hollandaises et françaises, combien, depuis qu'elles existent, elles ont eu de pareils agens.

Les intentions favorables dans lesquelles Poivre avait laissé le roi de la Cochinchine, et les instructions qu'il avait recueillies à sa cour et dans son pays, pouvaient devenir la base des plus importantes spéculations. Il est très-fâcheux qu'elles aient été négligées ; on n'ose pas dire que cela soit très-surprenant.

Mais si les vues politiques et commerciales, dont Poivre avait préparé le succès, n'ont pas été remplies, son ambassade à la Cochinchine n'a pas été pour cela sans avantages. Il ne s'était pas strictement renfermé dans la mission qu'il avait reçue. Il avait mis le plus grand soin à recueillir les plantes les plus utiles, pour les introduire

et

et les naturaliser à l'Isle de France. Il y avait apporté le poivrier, le cannellier, plusieurs arbres de teinture, de résine et de vernis, plusieurs espèces d'arbres fruitiers. Il était le bienfaiteur de cette île, seize ans avant de se douter qu'il en serait un jour l'administrateur.

Le plus précieux des présens qu'il lui avait faits, était le riz sec, qui se cultive à la Cochinchine sur les montagnes, n'a besoin que d'une chaleur modérée, et ne demande point d'irrigation. On en fit quelques récoltes; mais après le départ de Poivre, la culture de ce grain si important ayant été abandonnée aux esclaves nègres, qui l'arrosèrent comme l'autre riz, l'espèce du riz sec, qui aurait pu, de cette colonie, passer en Europe, et qui devrait enrichir aujourd'hui nos provinces méridionales, fut détruite à l'Isle de France. Parmi les maux sans nombre que l'esclavage et la stupidité qui en est la suite, ont causés au genre

B

humain, il faut encore compter celui-là. Depuis vingt ans que ce fait a pris de la publicité, on dit qu'*il faudra retourner chercher le riz sec à la Cochinchine.*

Pendant deux siècles, l'Europe a dépensé aux Indes des milliards; elle y a massacré des millions d'hommes; elle y a envoyé et entretenu un nombre considérable de profonds politiques, d'habiles généraux, de missionnaires, d'industrieux commerçans, de héros intrépides. Un seul sage s'était trouvé: il avait rapporté une plante plus utile même que le blé, et qui aurait pu compenser tout le mal qu'ont fait tant de grands hommes. A peine y a-t-on pris garde: on l'a laissé perdre. Et lorsque chez des nations savantes, dans un siècle éclairé, on a eu connaissance de ce trésor et de sa perte, quelques gens d'esprit ont dit froidement : *C'est dommage ;* puis l'on a continué à commercer, à intriguer, à se battre, sans songer seulement à combien peu de frais ce dommage pourrait être réparé.

Peu après son retour de la Cochinchine, Poivre fut envoyé, par la compagnie des Indes, à Manille, avec une mission secrète: ses instructions l'obligeaient d'en garder le secret, même avec les employés de la compagnie à Kanton, où il devait passer. Ceux-ci s'en offensèrent, et d'autant plus peut-être, qu'il parut dans la suite qu'ils avaient eté instruits de ce même secret par une autre voie. Ils lui suscitèrent toutes sortes d'obstacles et de traverses, et le mirent hors d'état de remplir sa mission avec un entier succès. Il fut obligé de revenir à Pondichéry et à l'Isle de France, n'ayant fait qu'une partie de ce dont il avait été chargé; mais il s'était acquis d'excellens amis chez les espagnols et parmi les naturels des différens pays qu'il avait eu à parcourir. Il avait préparé les esprits et les choses pour faire un second voyage plus heureux.

Ce voyage avait pour objet principal d'acquérir et de naturaliser à l'Isle de France les épiceries fines.

Poivre rapportait cinq plants enracinés de muscadiers, et un assez grand nombre de noix muscades propres à la germination, dont *Buffon* et *de Jussieu* vérifièrent la bonne qualité. Il n'avait pu se procurer de gérofliers sans aller dans les Moluques mêmes, parce qu'on ne vend le gérofle que dans un état où il ne jouit pas de la faculté de germer.

Ayant rendu à la compagnie des Indes des services essentiels, et en ayant toujours reçu les plus grands témoignages de satisfaction, Poivre croyait avoir lieu de compter sur les secours les plus efficaces pour la continuation d'une entreprise dont le succès était assuré, et qui devait procurer à cette compagnie des avantages inappréciables. Il avait quitté l'Europe fort jeune : sa tête sage et son cœur pur n'avaient point encore l'expérience de nos mœurs. Il s'imaginait avec ingénuité, qu'une grande compagnie de commerce était constamment déterminée par son intérêt; qu'elle devait avoir nécessairement de la suite dans ses projets et dans ses volontés; qu'avec elle aucun service ne pouvait être perdu. Il raisonnait et s'était conduit d'après ces élémens. Mais il apprit à l'Isle de France, que la compagnie des Indes était divisée en deux partis; que celui qui dominait pour le moment, n'était plus le même qui avait favorisé ses voyages et applaudi à ses travaux; qu'à la tête de ce parti, qui avait acquis la prépondérance, était un directeur qui ne se piquait pas de continuer l'exécution des projets adoptés par ses prédécesseurs du parti opposé, et qui, d'origine hollandaise, pouvait ne pas voir avec plaisir sa nouvelle patrie devenir, pour un objet aussi important que les épiceries fines, la concurrente de l'ancienne.

Il comprit alors la cause d'une partie des difficultés qu'il avait précédemment éprouvées, qu'il avait eu beaucoup de peine à concevoir, et qui tenaient aux dissentions intérieures de la compagnie des Indes. Il comprit qu'il ne pourrait rendre utiles les connaissances qu'il avait acquises, et enrichir sa patrie des plus précieuses sources de l'opulence de la compagnie des Indes de Hollande, sans risquer à-la-fois sa vie au milieu des établissemens hollandais, et l'ingratitude, la persécution peut-être de la part des français même.

Poivre était *tenax propositi vir*; il entra en conférence avec *Bouvet*, un des plus grands hommes de mer qui ayent été au service de la compagnie des Indes, et qui commandait par *interim* à l'Isle de France. Il fit si bien valoir les anciennes instructions non-révoquées qu'il avait reçues de la compagnie; il lui montra si clairement l'importance de l'entreprise et la certitude du succès, pourvu qu'on eût un navire à y consacrer, que Bouvet, après avoir combiné les besoins de la colonie, dont la marine était très-peu nombreuse et en très-mauvais état, prit sur lui de déplaire au parti le plus puissant, et de confier au nouvel Argonaute une vieille petite frégate de cent soixante tonneaux.

C'était, dans les circonstances, un grand et très-rare effort de zèle et de courage qu'avait fait en cela Bouvet; et Poivre en a toujours gardé une vive reconnaissance, quoiqu'il n'eût été possible de donner à ce très-mauvais petit bâtiment qu'un plus mauvais équipage, peu de provisions, et de mauvaise espèce.

Pendant l'armement, Poivre partagea entre trois colons de l'Isle de France ses plants de muscadiers, et y joignit d'excellentes instructions sur leur culture.

Enfin il s'embarqua, en 1754, sur sa petite frégate *la Colombe*, image du faible oiseau que l'écriture nous peint envoyé par Noé, au milieu de la plus immense mer, pour chercher un rameau précieux.

Ce petit vaisseau, mal construit, vieux, mauvais, faiblement équipé, ne marchait qu'avec une extrême lenteur. Jouissant constamment du vent le plus favorable, il mit, pour se rendre à Manille, le double du tems qu'un navire ordinaire aurait employé à faire le même voyage. Il y arriva prêt à couler bas, et la quantité d'eau nécessaire était retranchée depuis long-tems à l'équipage.

Poivre trouva le pays en feu. Le gouvernement espagnol avait engagé des querelles sérieuses avec toutes les nations voisines. Il retenait le roi d'Yolo prisonnier.

Le caractère de Poivre, son sang-froid, sa douceur, sa franchise même, car lorsqu'elle est sage, la franchise est toujours très-utile, le rendaient infiniment propre aux négociations. Il parvint à calmer beaucoup les esprits ; il eut à Manille un crédit presque aussi grand que celui qu'il avait eu à la Cochinchine ; et entr'autres usages louables qu'il en fit, il l'employa pour adoucir le sort du roi d'Yolo.

Après s'être acquitté d'une partie importante de sa mission, s'être procuré les connaissances dont il avait besoin, avoir vendu et remplacé la petite cargaison de son vaisseau, et l'avoir carené, s'être attiré l'estime et la confiance des espagnols et la constante amitié du roi d'Yolo et de sa famille, Poivre se rembarqua, et dirigea sa route sur les îles à épiceries. Plusieurs de ses matelots et même deux de ses officiers avaient abandonné un vaisseau dont ils connaissaient les défauts, et qu'il était impossible de mettre en état de défense pour arriver à des terres inconnues, et traverser des mers infestées de pirates, qui couraient également sur toutes les nations, et qui venaient d'enlever une galère et un vaisseau parfaitement armés, hérissés de canons, défendus par des équipages nombreux. Poivre ne se dissimulait pas le danger ; il aurait pu l'éviter en partie, en renonçant pour lors à la suite de sa mission et de ses projets, et retournant à l'Isle de France par le chemin le plus court. Mais il avait eu tant de peine à y obtenir les faibles moyens dont il pouvait disposer ; il voyait tant d'incertitude à ce qu'on se prêtât à les renouveller, lorsqu'une expédition imparfaite aurait paru justifier les répugnances, que, dévoué au succès des vues qu'il avait à remplir, il aima mieux s'exposer aux hasards des élémens, qu'à ceux des gouvernemens ; et après avoir tout pesé avec le sang-froid et l'égalité d'ame qui l'ont toujours caractérisé, il se résolut à partir, et à réussir ou à périr.

Nous ne le suivrons point dans cette navigation si dangereuse sous tous les aspects, au milieu des difficultés innombrables qu'il avait à vaincre. Le journal de son voyage à Manille, et celui de son retour seront publiés. On y trouvera mille choses curieuses sur les usages, la force, la politique des peuples peu connus avec lesquels il eut à traiter. On y verra que si son bâtiment et son équipage eussent été moins mauvais, il eût dès-lors exécuté tous les projets qu'il avait formés, et qu'il avait été autorisé à suivre; on le verra plusieurs fois à un jet de pierre d'une île qu'il pouvait regarder comme le but de son voyage, sans moyen d'y aborder.

Forcé de revenir, il fit une relâche à Timor, et forma des liaisons d'amitié avec le roi indien et avec le gouverneur portugais de cette île, qui lui procurèrent quelques plants de muscadiers, une assez grande quantité de noix muscades et de baies de gérofle mûres et dans l'état où on les sème, mais qui se trouvèrent trop vieilles pour germer. C'était du moins constater la possibilité d'en avoir de propres à être cultivées.

Rendu enfin à l'Isle de France, après avoir fait des observations utiles sur les moussons, il remit au conseil supérieur de cette colonie, le 8 juin 1755, les plants précieux qu'il avait apportés, et qui furent reconnus pour être des épiceries fines.

Ceux qu'il avait laissés, l'année précédente, à différens habitans, étaient morts ; et plusieurs circonstances firent croire que leur mort n'ayait pas été naturelle, mais l'effet de la mauvaise volonté d'un directeur des jardins, qui était arrivé à l'Isle de France, envoyé par le parti qui s'opposait à la recherche des épiceries.

L'événement prouva que Poivre avait bien fait de ne pas remettre à une autre fois ses recherches sur les Moluques.

Bouvet n'était plus à l'Isle de France. Un nouveau gouverneur l'avait remplacé. Il n'avait aucune instruction favorable à

Poivre, ni de la part des protecteurs de celui-ci, qui le croyaient noyé, et ne pensaient plus à son expédition, ni de la part de leurs adversaires, qui n'y pensaient que pour la traverser.

Ce gouverneur, quoique bien intentionné, ne put donc, et voulut encore moins, prendre sur lui de donner aucuns moyens pour retourner à une entreprise dont, avec un vaisseau passable, le succès n'était plus douteux.

Dans de telles circonstances, Poivre crut devoir se borner à remettre à la compagnie la cargaison qu'il avait rapportée, et qui fut vendue sur-le-champ avec profit, et sollicita son retour en France. Il l'obtint sur un bâtiment qui devait hiverner à Madagascar. Le journal de son séjour dans cette île offre des détails intéressans sur les mœurs de ses habitans, les ports, les rivières, les sites du pays, son histoire naturelle, ses productions, et les ressources qu'il peut fournir à nos colonies des Isles de France et de Bourbon.

Jamais Poivre n'a perdu une occasion de recueillir et de rapporter des connaissances utiles à sa patrie. Dans le Coromandel, il avait suivi, avec le plus grand détail, les procédés employés par les indiens pour la peinture des belles toiles, connues sous le nom de Perses ou de Chittes, et il avait étudié la composition des teintures. En Chine, il s'était instruit à fond sur les matériaux et la fabrique des porcelaines, et sur la manière de préparer ce que nous appelons les soies de Nankin; il en a fait des essais très-heureux depuis son retour. Mais il serait impossible d'exposer ici toutes les observations de cet homme respectable. Il était si modeste, que les personnes même qui ont vécu avec lui dans la plus intime société, ne recueillaient que par lambeaux quelques-unes de ses connaissances, et le récit d'une partie de ses travaux.

Nous avons vu qu'il avait porté dans toutes ses missions un désintéressement qui serait très-rare en Europe, et qui l'est bien plus en Asie.

Il en était revenu avec une grande réputation et une fortune médiocre. BERTIN, alors contrôleur-général, auquel nous devons l'établissement des sociétés d'agriculture, celui des écoles vétérinaires, beaucoup de recherches précieuses sur la Chine (1), et qui connaissait et savait apprécier les services de Poivre, engagea le roi à lui donner une gratification de *vingt mille francs*, qu'il n'avait pas demandée.

Satisfait de cette récompense modérée, Poivre s'était établi près de Lyon dans une

---

(1) Entr'autres *les mémoires concernant l'histoire, les arts et sciences des chinois*. Paris, 1766, 1790, in-4.° 15 vol. Cette précieuse collection, mieux connue et appréciée des étrangers que de nous, renferme une multitude de notices utiles ou curieuses. *Éditeur.*

campagne agréable. Il s'y livrait à son amour pour les lettres, et il y cultivait les plantes les plus curieuses des quatre parties du monde.

L'académie des sciences avait depuis long-tems rendu justice à son mérite, en le nommant à la place de correspondant, la seule que ses voyages lui permissent de remplir. Elle lui avait donné cette marque d'estime, le 4 septembre 1754; et le savant *Jussieu* regardait ses lettres comme une des richesses de l'académie.

Desiré et reçu, depuis son retour, à celle de Lyon, il y lut deux mémoires intitulés: *Observations sur les mœurs et les arts des peuples de l'Afrique et de l'Asie*. L'académie exigea que ces mémoires fussent imprimés. Le gouvernement approuva cette résolution, puis en suspendit l'effet.

Quelques exemplaires cependant s'étaient répandus, et les libraires étrangers, qui les contre-firent sur-le-champ, y ajoutèrent,

à

à l'insçu de l'auteur, le titre de *Voyages d'un philosophe*. Poivre était trop philosophe pour en prendre le nom à la tête de ses écrits; mais le titre imaginé par les libraires, confirmé par le public, et multiplié par plusieurs éditions, a prévalu sur celui qu'il avait donné à son ouvrage. Cet ouvrage intéressant, précis, nerveux, contient plus de choses que de mots; on y voit partout, en traits de lumière, comment, dans l'univers entier, la félicité, la population, la puissance des états sont en raison de l'agriculture et de la liberté, et à quel point la main du despotisme, celle de l'anarchie, et celle de la superstition rendent inutile la fécondité du sol le plus favorisé du ciel.

Les écrits de Poivre sont, comme ses actions, pleins de simplicité et de dignité, remarquables par une force qu'il n'a pas cru avoir; et à laquelle il n'a pas songé. Il ne connaissait ni l'enthousiasme, ni la verve. Sa sensibilité, toujours fondée en raison, était grave et sans ardeur.

Se croyant quitte de ce qu'il pouvait faire pour le bonheur des autres hommes, il avait enfin songé au sien. Il était sur le point d'épouser une jeune femme bien née, pleine de vertus, de douceur et de grâces, digne, à tous les égards, d'être la compagne d'un philosophe sensible, lorsqu'il éprouva qu'en méritant du public, on ne fait que contracter le devoir et l'engagement d'en mériter encore davantage.

Sa réputation fit croire avec justice qu'il n'y avait que lui qui pût réparer aux Isles de France et de Bourbon, les fautes de toute espèce d'une administration qui, depuis qu'elle était sortie, dans ces îles, des mains de la Bourdonnais, avait été constamment malheureuse. Les invitations les plus pressantes de la part du gouvernement, et les plus propres à redoubler la passion de bien faire dans un cœur qui n'avait jamais cessé d'en être animé, vinrent le chercher au milieu des préparatifs de son mariage. Il avait bien des raisons de se peu soucier de retourner faire des voyages de quatre mille lieues. Il jouissait du sort le plus fortuné que puisse desirer un sage : dans un âge mûr et non affaibli, avec le juste espoir d'un ménage heureux, assuré d'une aisance bornée, qu'il trouvait suffisante, et honoré d'une flatteuse et universelle considération.

Il pouvait même craindre que les dangers de la mer, et ceux des places importantes, non moins redoutables, n'effrayassent sa jeune amie, et ne fissent manquer une alliance dont les faveurs n'auraient pu compenser le bonheur. Rassuré à cet égard par le courage et l'attachement qu'elle lui témoigna, il lui restait encore à regretter sa douce retraite, le repos, l'étude, tant de biens qui étaient infiniment chers à sa raison tranquille, mais qui le lui étaient moins cependant que le bien public. Il obéit.

Il trouva les Isles de France et de Bourbon dans un anéantissement presque total ; la culture, le commerce, les fortifications, tout avait été également négligé. Il parvint à tout rétablir.

Quelques-uns de ses discours au conseil supérieur (1), dont il était président, ont été imprimés ; ce sont des chef-d'œuvres de raison et d'éloquence, le plus noble langage du magistrat, de l'administrateur et du citoyen.

Ses premiers soins se portèrent sur la culture des comestibles, si importante dans ces îles qui doivent non seulement subsister par elles-mêmes, mais encore faire subsister les escadres du roi pendant la guerre. Il mit la plus grande activité à y introduire de Madagascar, du Cap de Bonne-Espérance et de l'Inde, tous les animaux domestiques et toutes les productions propres à

---

(1) On les trouvera dans cette édition.

la consommation des habitans et aux besoins des navigateurs.

Cette activité de Poivre à multiplier les subsistances, et à se procurer tous les moyens possibles d'en avoir du dehors, a été, pour la colonie et pour l'état, d'une utilité inappréciable.

En 1770, sur une apparence de guerre, le roi fit passer à l'Isle de France *dix mille hommes*, tant de terre que de mer. Les vaisseaux qui les amenaient se trouvèrent, en arrivant, dépourvus d'agrès : ils n'apportaient ni vivres ni argent. *Je sais bien qu'on manquera de tout*, écrivit le duc DE CHOISEUL à Poivre; *mais vous êtes là, et nous comptons sur vous*. Il ne s'était pas trompé; Poivre pourvut à tout : et malgré deux ouragans successifs qui ravagèrent l'île dans la même année, et qui firent échouer une grande partie des vaisseaux sur le rivage, la confiance qu'il s'était acquise dans l'Inde, et les ressources que sa prévoyance avait ménagées, sauvèrent les troupes et la flotte. Ce fut chez les hollandais du Cap de Bonne-Espérance que Poivre trouva les plus grands secours. Il les dut à la réputation de son honnêteté. Il ne pouvait payer qu'en lettres de change les provisions qu'on lui fournissait. Il eut à vaincre le préjugé que les hollandais avaient alors en faveur des anglais, et leur défiance naturelle. Mais l'estime et l'amitié qu'il avait inspirées aux chefs de l'administration du Cap prévalurent. On délivra les provisions; on se contenta des lettres de change. Il est fâcheux d'ajouter que ce sont ces mêmes lettres de change qui ont éprouvé tant de difficultés pour être payées, et qui ne l'ont été que sous le règne de Louis XVI.

Un vaisseau marchand danois, chargé de mâtures et d'agrès, mouilla dans le port de l'Isle de France. A force de caresses et de bons traitemens, Poivre détermina le capitaine à lui céder, à un prix très-modéré, sa cargaison, dont on avait le besoin le plus urgent. Elle fut, de même que les provisions hollandaises, payée en lettres de change ; et ces lettres n'ont été acquittées qu'au moment où Bertin a eu quelque tems par *interim* le porte-feuille des affaires étrangères.

Poivre savait combien la possibilité de ces sortes d'accidens devait rendre précaires les ressources du dehors. Il avait prodigieusement multiplié celles du dedans. Animée par ses exhortations, par ses soins, par tous les encouragemens qui avaient dépendu de lui depuis son arrivée dans la colonie, la culture des Isles de France et de Bourbon avait produit des récoltes abondantes de froment, de riz, et d'autres grains.

On a vu des administrateurs et des politiques d'Europe, qui ont passé pour grands, ne s'occuper que de circulation et de gains mercantilles, n'envisager dans les colonies que des moyens d'augmenter le numéraire et les occasions de voyages, croire utile que la subsistance des colons leur arrivât uniquement par les négocians de la métropole.

Poivre pensait que les moyens de vivre ne sauraient être trop près des hommes qui doivent les consommer. Éclairé par les législateurs de l'Asie et par sa propre raison, il croyait qu'on ne pouvait rien faire de plus agréable au ciel et de plus utile au monde, que de planter un arbre et de labourer un champ : préceptes de Zoroastre, dont celui qui les suit, indique le fruit et la récompense.

Guidé par un sentiment d'humanité et par le bon sens qui voudrait qu'on ménageât les esclaves, quand on ne les considérerait que comme des instrumens de culture; et *indigné*, comme il le dit dans le préambule d'une ordonnance qu'il rendit à Bourbon, le 10 avril 1771, des fardeaux excessifs que l'on faisait porter aux nègres dans des chemins très-difficiles et presque impraticables, il défendit, par cette ordonnance, de charger un nègre mâle de plus de soixante livres pesant, et une négresse de plus de cinquante. On leur mettait auparavant sur la tête ou sur les épaules jusqu'à cent vingt livres, et au-delà, pour faire de longues routes dans des sentiers où l'on ne peut même se servir de bêtes de somme. Il est triste de penser qu'une ordonnance si louable, et qui devait tant influer sur les succès de la culture par la conservation de ses agens, soit peut-être et trop vraisemblablement demeurée sans exécution. Mais quand elle ne serait plus qu'un avertissement et une instruction, sous cet aspect encore, elle aurait son utilité. L'administration qui instruit n'est pas moins respectable et moins salutaire que celle qui commande.

Convaincu de cette vérité, et saisissant toutes les occasions d'éclairer sur leurs véritables intérêts les habitans des deux colonies confiées à ses soins, Poivre s'était attaché, par toutes sortes de services et de bons procédés, *Commerson* qui revenait de faire le tour du monde avec *Bougainville*. Il l'avait engagé à rester à l'Isle de France, pour en faire l'histoire naturelle, et apprendre aux propriétaires à employer les richesses de leur territoire, et celles que des soins vigilans leur avaient procurées et leur apportaient chaque jour.

Commerson a toujours vécu à l'Isle de France chez Poivre; et il est mort dans cette même île, peu après le départ de son ami et son protecteur, dans les dégoûts et le chagrin de voir abandonner leurs anciens travaux, sur lesquels ils s'étaient si bien accordés, quoiqu'ils y portassent des principes différens.

Commerson, botaniste passionné, mettait le même intérêt à toute plante, pourvu qu'elle fût curieuse et nouvelle. Poivre, administrateur et philosophe, ne dédaignait pas la curiosité, mais fixait principalement ses regards sur l'utilité : c'était aux plantes utiles qu'il prodiguait ses soins.

Parmi celles qu'il a fait connaître à l'Isle de France, et qu'il y a cultivées lui-même, il faut d'abord nommer l'arbre à pain ou *Rima* qui s'y est beaucoup multiplié, dont les colons commencent à faire usage, qui sera bientôt un de leurs principaux alimens, et qui, transporté ensuite dans les Antilles, y assurera un jour, à peu de frais, la subsistance des blancs et des noirs.

Il faut encore faire mention de l'ampalis ou mûrier à gros fruit vert de Madagascar, de l'arbre à huile essentielle de rose, de l'arbre à suif, et du thé de la Chine, du bois de campêche, du bois immortel ou nouroucouyé, du cannellier de Ceylan et de la Cochinchine, de toutes les variétés du cocotier, du dattier et du manguier, de l'arbre des quatre épices, du chêne, du sapin, de la vigne, du pommier et du pêcher de l'Europe, de l'avocat des Antilles, du mabolo des Philippines, du sagoutier des Moluques, du savonnier de Chine, du maran d'Yolo, du mahé ou arbre de mâture, et du mangoustan, fruit réputé le meilleur de l'Asie et du monde.

Mais il devint plus célèbre par le succès qu'eurent enfin ses soins et l'intelligence qu'il déployait depuis vingt-cinq ans, pour parvenir à faire apporter, des Moluques à l'Isle de France, des plants de muscadiers et de gérofliers, en quantité assez considérable, pour en assurer la naturalisation.

Il s'était occupé, depuis qu'il était chargé de l'administration de la colonie, à reprendre, à cet égard, la suite de ses anciens travaux. Il avait instruit de tous leurs détails *Provost*, ancien écrivain des vaisseaux de la compagnie des Indes, qui parlait la langue malaise; et l'ayant chargé de lettres pour différens princes indiens, il le fit partir au mois de mai 1769, sur la corvette *le Vigilant*, commandée par

Tremigon, officier de marine, et lieutenant de vaisseau, accompagné du bateau *l'Étoile du matin*, commandé par *d'Etcheveri*, lieutenant de frégate.

Les deux bâtimens firent ensemble le voyage de Manille, passèrent à Mindanao, touchèrent à l'île d'Yolo, dont le roi, devenu libre, regardait Poivre comme un père. Ce prince remit à Tremigon une lettre pour le roi de France, qu'il appelait son puissant protecteur. Il donna plusieurs renseignemens utiles, et assura nos navigateurs que s'ils ne réussissaient pas cette année dans leur expédition, il leur procurerait, pour l'année suivante, tous les plants qu'ils pourraient desirer.

Tremigon, d'Etcheveri et Provost passèrent ensuite à l'île de Miao, où ils firent des recherches infructueuses : les hollandais y avaient récemment détruit les plants d'épiceries.

Entre cette île et celle de Taffouri, le

défaut de vivres détermina les deux commandans à ménager le tems en faisant chacun de leur côté une partie de la carrière qu'ils étaient chargés de parcourir. Ils convinrent d'un rendez-vous. Tremigon se rendit à Timor, où il pouvait se procurer les vivres nécessaires, et faire aussi des recherches. D'Etcheveri reçut à son bord Provost, et l'ordre de faire tout ce que celui-ci jugerait convenable pour le succès de l'expédition et le service de la nation. Tel fut le résultat d'un conseil, tenu sur *le Vigilant*, le 10 mars 1770, veille de la séparation des deux vaisseaux.

Provost et d'Etcheveri, parfaitement d'intelligence, parcoururent dans leur petit bâtiment tout l'est des Moluques, abordèrent plusieurs fois à l'île de Ceram, et enfin, sans que la république de Hollande ni sa compagnie des Indes pussent avoir aucun sujet légitime, ni même aucun prétexte de plainte, ils obtinrent des rois de Gebi et de Patani, souverains indépendans des hollandais, un grand nombre de plants des deux arbres précieux, et un bien plus grand nombre de baies et de noix fécondes (1).

Le retour présenta quelques dangers de la part d'une escadre hollandaise, à laquelle d'Etcheveri échappa par son sang-froid, par sa prudence, et par la petitesse même de son bâtiment qui déroutait les soupçons. Il rejoignit Tremigon au point convenu. On partagea entre les deux vaisseaux les jeunes plants, les noix muscades, les baies de gérofle; et ils arrivèrent à l'Isle de France, le 24 juin 1770.

Le conseil supérieur de l'Isle de France, consacra dans ses registres ce succès si long-tems desiré; et, par un arrêté, pris après que Poivre se fut retiré, il réclama les bontés du roi pour l'administrateur qui avait rendu

---

(1) Nous joignons dans cette édition une notice de cette expédition. *Éditeur.*

un si grand service à la colonie; et pour ceux qui avaient concouru à l'exécution de ses vues. Le conseil pria *Des Roches*, commandant général, de se charger de faire parvenir au ministre le vœu de la compagnie, de peur que la modestie de Poivre ne l'engageât à supprimer les éloges qui lui étaient dus.

En effet, ce n'avait pas été une petite entreprise; et ce n'était pas un événement médiocrement heureux, pour la France qui participe à une nouvelle source de richesses, pour l'Europe qui se trouvera pourvue, à meilleur marché, d'un objet de jouissance, et sur-tout pour les habitans des Moluques, qu'on n'opprimera plus, afin de s'emparer de leurs productions et d'en conserver le privilége exclusif, lorsque cette cruauté sera devenue inutile.

Nous avons indiqué, par quels travaux de tout genre, Poivre avait préparé ce service distingué qu'il a rendu à sa patrie et au

genre

genre humain. L'habileté et les lumières qu'il devait à ses différens voyages, et surtout la réputation qu'il s'était faite auprès des princes du pays, pouvaient seules vaincre les obstacles que la compagnie hollandaise oppose aux navigateurs qui cherchent à pénétrer dans les Moluques. Presque tous ceux qui l'avaient tenté y avaient péri, victimes des rigueurs et de la vigilance des hollandais.

Mais Poivre, qui avait passé sa vie à semer par-tout des bienfaits, était sûr de trouver par-tout des amis et de la reconnaissance. Les souverains de ces contrées savaient, les uns par expérience, et les autres pour l'avoir appris de leurs alliés, qu'au milieu de ces français qui ne s'étaient montrés à eux que comme des guerriers redoutables, il existait cependant un homme sage et pacifique, qui n'avait jamais conseillé que les bons offices et la douceur. Poivre eut certainement de grandes jouissances : ses succès durent être d'autant plus précieux à son cœur, qu'ils étaient le prix de ses vertus encore plus que l'ouvrage de son génie.

La satisfaction qu'il éprouva en voyant enfin terminer une entreprise qui lui coûtait la moitié de sa vie, fut néanmoins accompagnée d'une circonstance fâcheuse.

A peine les épiceries fines étaient-elles arrivées à l'Isle de France, que le zèle du commandant, et l'avis unanime du conseil supérieur, Poivre seul excepté, firent rendre une ordonnance qui déclarait coupable de trahison quiconque emporterait, dans une autre colonie, quelques-uns des plants enracinés des deux arbres nouveaux, ou quelques noix muscades ou baies de gérofle propres à la germination. Poivre, affligé, ne trouvant personne qui partageât son opinion, ne put se dispenser de signer. Mais il écrivit au ministre pour faire sentir les dangereuses conséquences d'un tel privilége exclusif, et chargea un de ses amis, celui qui tient ici la plume, de contribuer à les développer; ce qui fut fait, tant par des mémoires particuliers, que par un écrit alors imprimé. Le duc DE PRASLIN jugea, comme Poivre, qu'il serait injuste et absurde d'interdire à quelques provinces de l'état, une culture utile qu'on encouragerait dans d'autres, et que si les épiceries fines étaient concentrées à l'Isle de France, elles pourraient y être détruites par un ouragan, ou par les suites d'une guerre malheureuse. Il se hâta de faire passer des muscadiers et des gérofliers tant à l'Isle de Bourbon qu'à la Guyane Française. Ils ont très-bien réussi dans l'une et dans l'autre colonie. Ils commencent à pouvoir y devenir un objet de commerce, et leurs fruits aclimatés y sont aussi beaux et aussi parfumés aujourd'hui que dans les Moluques mêmes (1).

---

(1) Ces plants ont parfaitement réussi à Cayenne,

Poivré ne se borna pas à cette expédition, quoiqu'elle eût rapporté *quatre cents* plants de muscadiers, *dix mille* noix muscades toutes germées ou propres à germer, *soixante-dix* plants de gérofliers, et une caisse de baies de gérofle, dont quelques-unes germées et hors de terre. Sa prudence craignit les accidens physiques, et même les accidens moraux, dont il avait fait plus d'une fois l'expérience qu'il était encore destiné à recommencer. Il renvoya, au mois de juin 1771, dans les Moluques, Provost, sur la flûte *l'Isle de France*, aux ordres de *Coëtivi*, enseigne des vaisseaux du roi, accompagnée de la corvette *le Nécessaire*, commandée par *Cordé*, ancien officier de la compagnie des Indes. Ils firent un nouveau voyage à Gebi, et en rapportèrent une quantité bien plus consi-

---

et l'on peut voir un état des richesses du jardin botanique de cette colonie, dans l'éloquent et énergique *rapport du citoyen Grégoire, sur le vandalisme. Éditeur.*

dérable de plants et de graines de gérofliers et de muscadiers. La flûte fut de retour, le 4 juin 1772, et la corvette le 6. Cette expédition, plus heureuse encore que la première, a pour jamais assuré aux colonies françaises la possession des épiceries fines.

La première cependant eût pu suffire. Tandis que Provost et d'Etcheveri voguaient sur le bateau *l'Étoile du matin*, à une conquête que la prudence la plus profonde avait assurée, toutes les mesures avaient été prises à l'Isle de France pour que les jeunes plantes trouvassent, en arrivant, le sol et la culture qui leur conviennent.

Poivre avait acheté de la compagnie des Indes, dans un lieu nommé *Montplaisir*, un enclos peu distant du port de l'Isle de France. Il en avait fait à ses frais un magnifique jardin, qui le dispute à ceux que la compagnie hollandaise des Indes fait cultiver au cap de Bonne-Espérance, et qui, plus riche qu'eux encore, renferme presque toutes les plantes utiles des deux hémisphères. Il y passait tout le tems que les devoirs de l'administration pouvaient lui laisser libre ; car, propre comme Caton, à influer sur les mœurs et sur les affaires publiques, Poivre avait encore, avec ce grand homme, le rapport d'aimer à diriger tous les détails des travaux champêtres, et il y était d'une grande habileté.

Il a depuis cédé au roi, pour le même prix qu'il l'avait achetée de la compagnie, cette habitation si intéressante aux yeux des savans et des citoyens, qui sentent qu'il peut être plus important d'acquérir une plante utile qu'une province. Il a fait hommage à la patrie des dépenses, des améliorations, des travaux considérables qu'il avait consacrés à en enrichir le jardin, et qui l'ont rendu un des plus précieux du globe entier. Il avait instruit, dans tous les détails de la culture asiatique, *Ceré*, auquel il avait destiné la direction du jardin de Montplaisir, dont il ne put le mettre en possession, mais qui depuis en a été chargé, conformément à ses vues; et Ceré a justifié ce choix par ses soins, ses lumières et son courage. On aura de la peine à croire que même après le succès, et depuis le départ de Poivre, il se soit trouvé des gens qui, sans autre motif que la jalousie, ayent mis à tâcher de détruire les plantes précieuses qu'il avait introduites à l'Isle de France, presque autant d'activité qu'il en avait déployée pour les y apporter. Ces faits, trop vrais, viennent encore de nous être attestés par un ministre sous les yeux duquel ils se sont passés, et qui a eu besoin de tout son crédit, pour empêcher le jardin et les plantes qu'il renferme d'être anéantis, et pour protéger Ceré contre les ennemis que son zèle patriotique à conserver le fruit des travaux de Poivre lui avait attirés.

Si les épiceries fines sont un jour une richesse pour la France, le nom de Ceré ne doit pas être plus oublié que celui de son illustre ami, auquel la reconnaissance des cultivateurs a élevé à Cayenne un monument noble et simple dans le jardin de *Gers*, au centre de quatre belles allées de gérofliers; et pour qui l'histoire en élévera certainement un plus durable dans le souvenir de la postérité délivrée d'un monopole onéreux, et enrichie d'un grand nombre de cultures précieuses.

Voici ce qu'écrit, sur le jardin de Montplaisir, un homme de bien, un homme d'esprit, un homme éclairé qui a voyagé utilement dans toute l'Europe, en Grèce, en Asie, en Egypte, *Melon*, qui arrive actuellement des colonies administrées par Poivre.

« Le jardin du roi, à l'Isle de France, dit-il, me paraît une des merveilles du
« monde. Le climat de cette île lui permet
« de multiplier en pleine terre les produc-
« tions de toutes les parties de l'univers. Le
« voyageur trouve rassemblés dans ce jardin

« plus de six cents espèces d'arbres ou
« d'arbustes précieux, transportés des divers
« continens. Tous n'ont pas atteint encore
« leur point de perfection. Il faut du tems
« et des soins pour aclimater et natura-
« liser les arbres. Cette partie de la culture,
« qui demande beaucoup d'observations, de
« sagacité et de philosophie, était une des
« choses dans lesquelles Poivre excellait.
« Ceré, son élève, y est devenu très-habile.
« Le manguier a été vingt ans dans les Isles
« de France et de Bourbon sans donner de
« bons fruits. Les deux îles sont actuel-
« lement couvertes de ces arbres, qui pro-
« duisent en grande abondance des fruits
« délicieux. On peut dire la même chose
« de plusieurs autres, qui, par degrés, y
« ont réussi.

« Les cloux de gérofle, sortis du jardin
« du roi de l'Isle de France, que l'abbé
« Raynal a vus, et qu'il dit être *petits*, *secs*
« et *maigres*, avaient ces qualités, parce

« qu'ils étaient les fruits du premier rapport
» d'arbres faibles et encore languissans,
« nouvellement transplantés loin de leur
« terre natale. Aujourd'hui il n'en dirait
« pas autant du fruit des mêmes arbres,
« ni de ceux du jardin d'*Hubert*, qui cultive
« à Bourbon, avec le plus grand succès,
« huit mille gérofliers ».

Nous ajouterons que l'académie des sciences a présentement sous les yeux une quantité considérable de gérofle de Cayenne de la plus grande beauté, et d'une qualité excellente.

Croirait-on cependant que la jalousie, la bassesse, l'indifférence pour le bien de la patrie et de l'humanité, masquées sous le voile d'une vile et mesquine économie, ont proposé plusieurs fois au gouvernement d'abandonner ou de détruire le jardin de Montplaisir, qui a déjà été, et peut encore être si utile ?

Poivre avait le plus grand desir de rejoindre

une seconde fois le *riz sec* aux plantes précieuses qui enrichissent ce jardin. Il faisait encore plus de cas de cette plante alimentaire, que des plus riches épiceries. Il a souvent proposé d'aller la rechercher à la Cochinchine ; mais jusqu'à présent une sorte de fatalité a fixé l'attention des nations et des gouvernemens sur les entreprises, presque en raison inverse de leur utilité, ou à peu-près uniquement en raison de leur éclat.

Poivre avait donc été autorisé à tout faire pour les épiceries; et l'on avait pas cru que la Cochinchine, qui ne paraissait présenter, pour le moment, aucun objet important de commerce, méritât qu'on y fît une expédition pour avoir du riz.

La marine très-faible de la colonie ne pouvait se prêter que difficilement à deux entreprises différentes. Les moyens que Poivre avait imaginés pour rendre ces deux entreprises possibles, trouvèrent dans la division de l'autorité civile et de l'autorité militaire, et dans la diversité de vues qui en était la suite, un obstacle insurmontable.

Obligé donc de renoncer, pendant son administration, à se procurer de nouveau riz sec, il tenta de changer la culture du riz humide, et de l'accoutumer par degrés à croître sans avoir le pied dans l'eau. Il en fit semer en différens cantons au commencement de la saison des pluies. Quelques parties périrent. Cet arrosement naturel se trouva suffire à quelques autres, dont le grain devint propre à germer, croître et fructifier avec un moindre arrosement. Il y a donc actuellement à l'Isle de France un riz qui tient le milieu entre le riz humide, généralement connu, et le riz sec de la Cochinchine. C'est un riz dont l'humidité d'une saison pluvieuse favorise suffisamment la production. Il n'est pas encore en état d'être transporté utilement en Europe. Il souffre même beaucoup à l'Isle de France, quand les pluies ne sont pas abondantes; et l'on se plaint qu'elles deviennent plus faibles, à mesure que les défrichemens se multiplient. Mais on peut espérer qu'en prenant toujours pour semence le grain récolté dans les cantons qui auront été le moins arrosés et le plus élevés, on arrivera au point d'avoir un riz qui pourra, dans des climats tempérés, se passer presque entièrement de pluie, un véritable riz sec; et ce sera pour l'Europe un des plus précieux trésors. Il serait sans doute bien plus court d'envoyer exprès à la Cochinchine : on jouirait peut-être vingt ans plutôt de ce moyen de doubler les subsistances et la population; mais on doit savoir beaucoup de gré à Poivre, qui s'est vu privé de la faculté d'obtenir du pays, où il est indigène, ce grain si important, d'avoir tenté d'en fabriquer, en y appliquant la savante théorie qu'il avait sur la culture et sur la dégénération des plantes. On doit se féliciter de ce qu'il a, en partie, réussi. Il faut remercier le ciel, lorsqu'il fait présent à la terre d'un homme de génie, et plus encore, quand il donne à cet homme de génie la passion d'employer ses talens, son travail, son esprit, ses forces entières au bien public.

Il avait trouvé le Port Louis de l'Isle de France à peu-près comblé. L'inexpérience, qui avait présidé aux premières concessions de la colonie, avait livré au fer et au feu des défricheurs, les bois des montagnes dont ce port est entouré, et les ravins causés par la saison des pluies, en avaient ensuite entraîné les terres nues dans le bassin. Les abords des magasins étaient devenus impraticables ; les vaisseaux de guerre étaient obligés de mouiller à demi-lieue, exposés à la fureur des ouragans et des vents du large. L'escadre de *d'Aché* y avait été presque entièrement détruite, dans l'hivernage de 1761. La colonie était ainsi privée d'un port de sûreté, d'autant plus à l'abri des insultes de l'ennemi, que les vents généraux ne permettent presque jamais d'y aborder qu'à la remorque, et en favorisent la sortie dans tous les tems : d'un port d'autant plus important, qu'il présente, à mille lieues du continent, l'avantage de ne pouvoir jamais être espionné.

Poivre entreprit de rendre ce port, ou un équivalent, à l'Isle de France et à l'état; mais, en homme modeste qui ne se fie pas à ses seules lumières, et en administrateur qui sait faire usage de celles d'autrui, il consulta les gens les plus éclairés, et entre autres, *de Tromelin*, habile capitaine de vaisseaux, et *de Cossigny*, correspondant de l'académie des sciences, ingénieur de la colonie. De Tromelin conçut le projet d'un nouveau port, entièrement à l'abri des ouragans, et combina avec Poivre les moyens de préserver ce nouveau port des atterrissemens, et d'en arrêter les progrès dans l'ancien, par des canaux, des digues et des jetées qui conduiraient sur une plage inutile les torrens annuels que ramène la saison des pluies.

La difficulté de faire reprendre des bois sur des coteaux lavés, dégradés, brûlés d'un soleil à pic, était excessive. Poivre et de Cossigny, après avoir essayé tous les arbres et les arbustes, dont le jardin de Montplaisir présentait une si belle collection, jugèrent qu'il n'y avait qu'un arbre, connu sous le nom de *bois noir*, qui pût donner quelque espérance. De Cossigny se chargea d'en faire exécuter avec tous les soins qu'on pût imaginer, une immense plantation. Elle a réussi ; elle a diminué l'éboulement des terres, et a fortement contribué aux succès des autres travaux.

Une roche, qui se trouvait à l'entrée du nouveau port, et qu'on avait toujours cru ne pouvoir extirper sous l'eau, l'a été par la suite du courage avec lequel de Tromelin

et

et Poivre en ont soutenu la possibilité et fait décider le travail. Les mesures paraissaient assurées pour que la grande entreprise du nouveau port fût exécutée en quatre ans; et l'on a lieu de croire que si Poivre fût resté administrateur de la colonie, l'ouvrage n'aurait pas exigé plus de tems. Différentes circonstances l'ont retardé. Cependant un procès-verbal, rédigé en 1781, constate que le nouveau port pouvait recevoir et contenir à cette époque, et à l'abri de tout danger, six vaisseaux de guerre et plusieurs frégates. Le ministère actuel fait continuer les travaux, dont le duc de Praslin, Poivre, de Tromelin et de Cossigny doivent partager la gloire; et, lorsqu'ils seront achevés, le nouveau port pourra donner le plus sûr des asyles à douze vaisseaux de guerre et à un grand nombre de frégates ou de gros bâtimens de commerce. La colonie a formé le projet d'élever, à l'entrée de ce port, un monument, dans les inscriptions duquel les services de Poivre ne seront pas oubliés.

La sollicitude de cet homme également actif et bienfaisant ne se bornait pas aux objets soumis à son administration. Il mettait avec raison la plus grande importance à faire déterminer, par de bonnes observations astronomiques, la position de la multitude d'îles et d'écueils qui séparent l'Inde de l'Isle de France. Il avait engagé l'abbé *Rochon*, son ami, qui était déjà de l'académie de marine, et qui est aujourd'hui de celle des sciences, à se charger de cet intéressant travail. Il avait fait toutes sortes de préparatifs pour lui rendre le voyage plus commode et moins pénible. Au moment de l'embarquement, un conflict d'autorité empêcha le départ de l'abbé Rochon. Poivre en eut beaucoup de chagrin; il voyait échapper une occasion qui semblait favorable de faire des recherches bien utiles. Il éprouva encore qu'il faut toujours suspendre son opinion sur les événemens. C'était dans le vaisseau de l'estimable et malheureux capitaine *Marion*, que l'abbé Rochon avait dû s'embarquer. On sut peu après, que cet homme habile et vertueux avait été assassiné et dévoré par les antropophages de la Nouvelle-Zélande ; et Poivre eut à remercier le ciel des contradictions qui, en retenant l'abbé Rochon, l'avaient soustrait à un danger affreux. Ils pleurèrent ensemble le capitaine Marion, qu'ils aimaient tous deux, et s'en devinrent plus chers l'un à l'autre.

Poivre a quitté l'Isle de France en 1773. Comme il ne s'y était occupé que du bien public, il n'en a rapporté que la médiocre fortune que son économie, qui ne fut jamais parcimonieuse, a pu ajouter à ce qu'il possédait avant d'en être nommé administrateur. Mais il a laissé sa mémoire en bénédiction dans les deux colonies qui furent confiées à ses soins.

Il ne faut pas croire cependant que son

administration ait été sans orages, et qu'il n'ait jamais rencontré d'ennemis. Nous avons déjà fait pressentir quelques-uns de ses chagrins.

Même avant son départ de France, il avait éprouvé les avant-coureurs des peines qu'il devait avoir à dévorer, et tout autre que lui aurait été dégoûté dès les premiers pas. Mais sous sa gravité froide en apparence, il cachait un zèle actif et profond. Il portait dans les affaires un courage d'esprit au-dessus de tous les événemens, et personne n'en a eu un plus grand besoin.

Poivre arrivant à Versailles, y trouva l'apparence d'une disgrâce. Deux ans s'écoulèrent avant qu'on lui rendît la justice que méritait son administration. Mais sous le nouveau règne, TURGOT, l'ami et l'exemple de tous les gens de bien, TURGOT, si digne, par ses lumières, ses vertus et son courage, d'essuyer des persécutions du même genre, et qui en effet en a depuis été la victime, se montra le protecteur éclairé de Poivre.

Le revenu de la fortune personnelle de Poivre était inférieur à celle qu'il tenait du roi. Mais sa sagesse, l'ordre qui régnait dans sa maison, et qu'y maintenaient les soins de son estimable compagne, leur permettait de tenir un état honorable, de donner à leurs aimables enfans une éducation distinguée, et de répandre une multitude de bienfaits sur les indigens qui se trouvaient à portée de leur délicieux jardin de *la Freta*, où ils passaient leurs jours sur les bords de la Saône, à deux lieues de Lyon, et où les voyageurs éclairés ne manquaient pas d'aller se reposer l'ame et s'enrichir l'esprit.

Poivre parlait avec beaucoup de facilité et de grâce, mais toujours avec simplicité. Ayant vu et bien vu une prodigieuse multitude de choses et d'hommes, avec des connaissances très-étendues et une mémoire admirable, il n'avait jamais le ton affirmatif. Il était indulgent par nature et par réflexion, et pour les travers autant que pour les faiblesses de l'humanité. Il aimait la société des gens d'esprit, et supportait celle des sots. *On trouve*, disait-il, *à s'instruire avec tout le monde.* Les méchans même affligeaient plus qu'ils ne courrouçaient son cœur. Jamais aucun emportement n'a souillé ni dérangé la tranquille et paisible dignité qui le caractérisait. Un heureux mélange de raison et de bonté lui avait donné un sang-froid inaltérable, et l'avait rendu supérieur aux passions. Très-peu d'hommes ont porté aussi loin que lui la philosophie pratique.

Sa santé, affaiblie par ses longs travaux, s'était fort altérée dans les deux dernières années de sa vie. Mais, toujours également serein, sage et modéré, sa société n'a jamais cessé d'être douce, et sa conversation respectable et chère à ceux qui l'ont approché.

Les conseils de *Rast*, son médecin et son ami, habile sous le premier titre, digne du second, l'avaient envoyé passer à Hières, en Provence, l'hiver de 1784 à 1785. Ce voyage lui fut très-salutaire, mais ne put réparer les ravages que la goutte avait faits en s'emparant de l'intérieur. Il devint impossible de la rappeler aux extrémités. On vit Poivre s'affaiblir par degrés pendant tout l'été, et l'hydropisie de poitrine miner lentement et à pas trop certains ce grand homme de bien.

Il succomba le 6 janvier 1786, à l'instant du dégel, avec la même tranquillité qu'il avait gardée toute sa vie, et comme un philosophe religieux qui, ayant toujours été bienfaisant, se confie parfaitement à la bonté du bienfaiteur universel.

VOYAGES
D'UN PHILOSOPHE,
OU
OBSERVATIONS

Sur les mœurs et les arts des peuples de l'Afrique, de l'Asie et de l'Amérique.

IL n'est point de nation, quelque barbare qu'elle soit, qui n'ait des arts qui lui soient particuliers. La diversité des climats, en variant les besoins des peuples, offre à leur industrie des productions différentes sur lesquelles elle peut s'exercer. Chaque pays, dans un certain éloignement, a des fabriques qui lui sont tellement propres, qu'elles ne sauraient être celles d'un autre pays ; mais l'agriculture est l'art de tous les hommes, sous quelque ciel qu'ils habitent; par-tout, d'une extrémité de la terre à l'autre, on voit les peuples policés, et ceux qui sont barbares, se procurer au moins une partie de leur subsistance par la culture de leurs champs : mais cet art universel n'est pas également florissant par-tout.

Il prospère chez les nations sages qui savent l'honorer et l'encourager; il se soutient faiblement chez les peuples à demi policés, qui lui préfèrent les arts frivoles, ou qui, étant assez éclairés pour sentir son utilité, sont encore trop esclaves des préjugés de leur ancienne barbarie, pour se résoudre à affranchir et à honorer ceux qui l'exercent (1) : il languit et on apperçoit à peine son influence chez les barbares qui le méprisent.

L'état de l'agriculture a toujours été le premier objet de mes recherches, chez les différens peuples que j'ai vus dans le cours de mes voyages. Il n'est guère possible à un voyageur, qui souvent ne fait que passer

---

(1) Il est aisé de deviner quelle nation notre philosophe veut ici désigner. Ajoutons que l'injuste et impolitique avilissement dans lequel on tenait les agriculteurs en France, a fini par en avilir réellement un grand nombre. L'immorale et insatiable avidité, dont ils nous rendent les victimes, depuis la suppression du *maximum*, est une conséquence trop naturelle de cet avilissement. (*L'édit.*)

dans un pays, d'y faire les remarques qui seraient nécessaires, pour emporter une idée juste du gouvernement, de la police et des mœurs de ses habitans. Dans ce cas, il n'est pas de moyen plus court, pour se former d'abord une idée générale de la nation chez laquelle on se trouve, que de jetter les yeux sur les marchés publics et sur les campagnes. Si les marchés abondent en denrées, si les terres sont bien cultivées et couvertes de riches moissons, alors on peut en général être assuré que le pays où l'on se trouve est bien peuplé; que les habitans sont policés et heureux; que leurs mœurs sont douces; que leur gouvernement est conforme aux principes de la raison. On peut se dire à soi-même : je suis parmi des hommes.

Lorsqu'au contraire j'ai abordé chez une nation qu'il fallait chercher au milieu des forêts, et au travers des ronces qui couvraient ses terres; lorsqu'il me fallait faire plusieurs lieues pour trouver un champ défriché, mais mal cultivé; lorsqu'enfin arrivé à quelque peuplade, je ne voyais dans le marché public que quelques mauvaises racines, alors je ne doutais plus d'être chez un peuple malheureux, féroce ou esclave. Il ne m'est jamais arrivé d'être dans le cas de réformer cette première idée, conçue à la seule inspection de l'état de l'agriculture, chez les différentes nations que j'ai vues : les connaissances de détail qu'un séjour assez long m'a quelquefois permis d'acquérir chez elles, m'ont toujours confirmé qu'un pays mal cultivé, est à coup sûr habité par des hommes barbares ou opprimés, et que la population ne saurait y être considérable.

On verra, par les recherches dont je vais rendre compte, que chez tous les peuples, l'agriculture dépend absolument des lois, des mœurs, des préjugés établis. Je commence par quelques parties de l'Afrique.

Côtes occidentales d'Afrique.

Les îles et les terres occidentales de cette partie du monde que j'ai connues, sont la plupart des terres en friche, habitées par des nègres malheureux. Ces hommes stupides, qui s'estiment eux-mêmes assez peu pour se vendre en détail les uns et les autres, ne pensent guère à la culture de leurs terres.

Contens de vivre au jour la journée, sous un ciel qui donne peu de besoins, ils ne cultivent que ce qu'il leur faut pour ne pas mourir de faim; ils sèment négligemment chaque année quelque maïs, très-peu de riz, et ils plantent en petite quantité différentes espèces de pommes de terre, qui ne sont pas de la nature des nôtres, mais dont la culture est la même; nous les connaissons sous le nom de *patates* et d'*inham* (1). En général, les récoltes de ce peuple sont si chétives, que les navigateurs européens, qui vont chez eux pour y acheter des hommes, sont obligés d'apporter d'Europe ou d'Amérique les provisions nécessaires pour la nourriture des esclaves, qui doivent composer la cargaison de leurs vaisseaux.

Parmi ces nègres, ceux qui habitent aux environs des colonies européennes, sont un peu plus agriculteurs que les autres. Ils élèvent des troupeaux; ils cultivent le riz en plus grande quantité; on trouve dans leurs jardins quelques légumes dont les graines leur ont été apportées d'Europe;

---

(1) Qu *igname*.

mais tout ce qu'ils savent d'agriculture, ils le tiennent des européens établis chez eux; leur expérience à cet égard est très-bornée; et je n'ai découvert dans leur industrie aucun procédé qui puisse éclairer la nôtre.

Depuis la rivière d'Angola jusqu'au Cap Nègre, et de-là jusqu'aux approches du Cap de Bonne-Espérance, on ne voit que des terres arides et incultes; les côtes sont nues, couvertes d'un sable stérile : il faut faire plusieurs lieues, pour découvrir un palmier ou quelque verdure. La terre et le petit nombre de ses habitans paraissent frappés d'une malédiction commune. Toutes les informations que j'ai prises sur les lieux, des missionnaires italiens qui ont le zèle admirable de parcourir l'intérieur de ces maudites régions, m'ont appris que l'agriculture n'y était guère plus florissante que sur les côtes, quoique la terre, en beaucoup d'endroits, y annonce la plus grande fertilité par ses productions naturelles.

Cap de Bonne-Espérance.

Les terres du Cap de Bonne-Espérance étaient condamnées à la même stérilité, avant que les hollandais en prissent possession; mais depuis leur établissement à cette pointe de l'Afrique, les terres y produisent en abondance du froment et des grains de toute espèce, des vins de différentes qualités, et une quantité considérable de fruits excellens, rassemblés des quatre parties du monde. On y voit de grands pâturages couverts de chevaux, de bœufs et de bêtes à laine. Tous ces troupeaux réussissent parfaitement. L'abondance dont jouit cette colonie, comparée à la stérilité des pays immenses qui l'environnent, prouve évidemment que la terre n'est avare que pour les tyrans et les esclaves (1); qu'elle prodigue des trésors au-delà de toute espérance dès qu'elle est libre, remuée par des mains libres, et cultivée par des hommes intelligens, que des lois sages et invariables protégent.

Une multitude de français, chassés de leur patrie, par la révocation de l'édit de Nantes, ont trouvé dans cette côte une véritable pa-

---

(1) Vérité sublime, fondée sur la nature même, et bien capable de balancer les coupables insinuations de ces prétendus ministres d'un Dieu qu'ils outragent, en voulant replacer l'homme libre sous le joug d'un *maître légitime*.

trie, et dans cette nouvelle patrie, la sûreté, la propriété, la liberté, seuls vrais fondemens de l'agriculture, seuls principes de l'abondance. Ils ont enrichi cette mère adoptive de leur industrie et du travail inestimable de leur bras; ils y ont fondé des peuplades considérables, dont quelques-unes ont tiré leur nom du pays malheureux, mais toujours chéri, qui leur avait refusé le feu et l'eau (1). La peuplade de *la petite Rochelle* surpasse toutes les autres par l'industrie des colons qui la composent, et par la richesse des terres qui en dépendent.

Les pâturages y sont composés de différens *gramens* naturels au pays, et en partie, des herbages qui forment nos prairies artificielles en Europe, telles que les trèfles, la luzerne et le sainfoin. Les plantes étrangères, dont les semences ont été apportées dans le pays par les hollandais, y réussissent comme les plantes naturelles. Toutes ces graines sont

---

(1) Le vertueux et éloquent *Saint-Pierre* a peint d'une manière bien touchante l'attachement des réfugiés français du Cap, envers leur ingrate patrie. Voyez son voyage au Cap et à *l'Isle de France.* Tom. 1.

semées

semées sur un labour fait à la charrue ; on ne coupe ces herbes que la première année ; dès la seconde, on ouvre la prairie aux troupeaux, qui y vivent à discrétion, et l'on n'a plus d'autre soin que de les rassembler tous les soirs dans un parc fermé par de hautes et grosses palissades, pour les garantir des tigres et des lions, dont le pays ne manque pas.

Ces prairies ne sont en général arrosées que par les pluies, quoiqu'on ait l'attention de les former dans le voisinage de quelque ruisseau, où l'on pratique des abreuvoirs commodes. On est très-exact à ménager dans tous ces pâturages des bosquets d'arbres, où les troupeaux puissent trouver un abri contre les ardeurs du soleil, sur-tout dans les mois de janvier, février et mars, qui sont les plus chauds de l'année dans cette partie du monde.

Les terres à grains s'y labourent comme en Europe, quelquefois par des chevaux, plus souvent par des bœufs ; les hollandais de cette colonie ont l'industrie de corriger la lenteur de ces derniers animaux, en les exerçant de bonne heure à un pas vif, et j'ai vu au Cap des charriots tirés par des attelages de dix et douze paires de bœufs, aller aussi vite que s'ils avaient été traînés par de bons chevaux.

Les grains qui se sèment ordinairement dans les terres du Cap, sont le froment, le blé de Turquie et le riz ; il est ordinaire de voir ces grains rapporter cinquante pour un (1). On y cultive beaucoup de plantes légumineuses, tels sont les pois, les fèves et les haricots. Ces légumes servent aux approvisionnemens des vaisseaux qui relâchent au Cap, en allant ou en revenant des Indes orientales.

Parmi ces légumes, il en est une espèce qui est fort recherchée aux Indes, où l'on en transporte beaucoup. On l'y connaît sous le nom de pois du Cap. C'est une phaséole qui ne se rame point ; son grain a la forme de notre haricot, mais plus large et plus applati ; il a le goût de notre pois verd, et il conserve long-tems sa fraîcheur. J'en ai tenté cette année la culture qui paraît réussir. Le climat,

---

(1) Vers la Cafrerie, un seul grain de blé produit quelquefois quarante tiges. M. Thunberg s'en est assuré par lui-même. *Voyages au Japon*, etc. Tom. 1, pag. 221. Édit. in-8°.

du Cap de Bonne-Espérance paraît exiger de la part du cultivateur une attention qui semble moins nécessaire dans ce pays, et qui peut-être même serait préjudiciable aux productions de nos terres.

Le Cap est, pendant la plus grande partie de l'année, exposé à des orages violens, qui soufflent ordinairement de la partie du nord-est. Ces vents sont si impétueux qu'ils renverseraient toutes les plantes à grains, et abattraient les fruits de tous les arbres, si on ne leur apportait une barrière pour garantir les récoltes. Le colon hollandais a imaginé de diviser les terres par petites portions, et de les entourer de hautes palissades de chênes ou de quelques autres arbres plantés près-à-près, comme pourrait l'être une charmille destinée à faire l'ornement d'un jardin. Ces palissades se taillent en croissant toutes les années; on les élève à vingt-cinq ou trente pieds de hauteur, de sorte que chaque champ séparé est fermé comme une chambre.

C'est par cette industrie sur-tout, que les hollandais sont parvenus à rendre leur colonie le grenier de tous leurs établissemens aux Indes orientales, et la meilleure relâche que les vaisseaux puissent faire pour rafraîchir et approvisionner les équipages.

Lorsque les hollandais commencèrent à former les vignobles de leur colonie, ils recherchèrent avec soin des plants des cantons qui jouissaient de la plus grande réputation pour leurs vignes. Après bien des essais inutiles pour faire, à l'extrémité de l'Afrique, des vins de Bourgogne, de Champagne et autres, ils se sont arrêtés à cultiver les plants transportés d'Espagne, des îles Canaries et du Levant, dont le climat est plus analogue à celui du Cap. Aujourd'hui les plants dominans dans leurs vignes, sont des plants de muscats qui réussissent très-bien; le muscat rouge sur-tout, cultivé dans un petit terroir nommé *Constance*, y donne du vin délicieux; la compagnie de Hollande en arrête toutes les années la récolte, qu'elle fait transporter en Europe, pour en faire des présens aux souverains (1).

Les vignes du Cap se cultivent sans échalas; on leur fait le même labour que nous

---

(1) M. Tunberg a donné la manière dont se fait ce vin exquis. *Voyage au Japon. Tom.* 1, *page* 355. *Édit. in-8°.*

faisons aux nôtres. Elles sont entourées de différens arbres sur lesquels on appuie les ceps de gros muscats espagnols, en forme d'espaliers fort élevés, qui servent d'abri au vignoble contre la violence des vents.

Le jardinage n'est pas plus négligé au Cap que les autres parties de l'agriculture; on y trouve tous les légumes d'Europe et les meilleurs de ceux qui sont particuliers aux autres parties du monde. Indépendamment des jardins, qui sont aussi bien entretenus que dans aucune partie d'Europe, la compagnie de Hollande a fait former deux ou trois jardins magnifiques, qu'elle entretient avec une dépense digne d'une compagnie souveraine.

Quinze ou vingt jardiniers européens, dont l'habileté a été reconnue avant d'être embarqués, sont chargés de la culture de chacun de ces vastes jardins, sous la direction d'un jardinier principal dont la place est lucrative et honorable. C'est dans ces jardins publics que se font, aux frais de la compagnie, tous les essais de nouvelle culture. C'est-là que les particuliers trouvent gratuitement, avec les instructions nécessaires, les graines et les plantes dont ils peuvent avoir besoin.

Ces jardins fournissent dans la plus grande abondance, des herbages et des fruits de différentes espèces, aux équipages des vaisseaux de la compagnie.

On y remarque avec admiration des emplacemens considérables, consacrés à la botanique, dans lesquels on voit placées dans le plus grand ordre, les plantes les plus utiles et les plus rares de toutes les parties du monde. Les voyageurs curieux ont la satisfaction d'y trouver des jardiniers instruits qui se font un plaisir de leur démontrer chaque plante.

Ces beaux jardins sont terminés par de grands vergers où l'on trouve tous les fruits de l'Europe, ceux de l'Afrique et quelques-uns de l'Asie. Rien n'est plus agréable que d'y voir, à différentes expositions, et dans la même enceinte, le châtaignier, le pommier et les autres arbres fruitiers des climats les plus froids, avec le muscat des Indes, le camphrier de Borneo, les palmiers et plusieurs autres arbres de la zône torride.

Madagascar.

En doublant le Cap de Bonne-Espérance, on entre dans la mer des Indes, et l'on trouve d'abord la grande île de Madagascar. Nous ne connaissons encore que quelques parties de cette île, quoique nous y ayons eu des établissemens, et que nous la fréquentions depuis près d'un siècle. Les terres que nous y connaissons sont très-fertiles, et les habitans seraient bons agriculteurs, si leurs denrées avaient un débouché. Ils élèvent des troupeaux nombreux de bœufs et bêtes à laine. Les pâturages, tels que la nature les a formés, sont excellens. On voit dans plusieurs cantons des défrichés immenses, couverts d'un gros *gramen* à large feuille qui s'élève à la hauteur de cinq à six pieds; les habitans le nomment *fatak*; il nourrit et engraisse parfaitement les bêtes à cornes, qui sont de la plus grande espèce, et différentes des nôtres, en ce qu'elles portent une grosse loupe sur le cou. Un autre petit *gramen* fin croit naturellement dans les sables, sur le bord de la mer, et fournit la nourriture aux bêtes à laine. Celles-ci sont de la même espèce que celles de Barbarie et différentes des nôtres, sur-tout par la grosseur monstrueuse de leur queue, qui pèse jusqu'à six à huit livres.

Les madécasses ou malégaches, (c'est le nom des habitans de cette île) ne cultivent guère d'autres grains que le riz. Ils le sèment au commencement de la saison des pluies; ils sont par-là dispensés d'accouder leurs champs. Ils ne donnent à leur terre d'autre labour qu'avec la pioche; ils commencent par serfouir toutes les herbes, puis cinq à six hommes se rangent en ligne dans le champ, et font devant eux de petits trous dans lesquels les femmes ou des enfans qui suivent, jettent quelques grains de riz, qu'ils couvrent de terre avec le pied; une terre ensemencée de la sorte, rapporte jusqu'à quatre-vingt et cent pour un; ce qui prouve l'extrême fertilité du sol, plutôt que la bonté de la culture. Quelque mal-entendue qu'elle paraisse, elle suffit pour mettre les peuples de Madagascar dans l'abondance. Je n'ai vu aucun pays dans le monde où le riz et les approvisionnemens essentiels soient à meilleur marché. Pour un coupon de toile grossière, teinte en bleu, qui peut valoir vingt sous de notre monnaie, le madécasse donne deux ou trois mesures de riz. Ces mesures sont fournies par les européens, qui ne manquent pas d'augmenter la capacité chaque année, sans que les insulaires s'en plaignent. La mesure se remplit d'abord comble, puis l'acheteur use du droit qu'il a établi pour avoir bonne mesure, il enfonce le bras jusqu'au coude dans le riz, et d'un seul coup vide presqu'entièrement la mesure que le madécasse a la patience de remplir une seconde fois, sans jamais murmurer. Cette mesure se nomme *gamelle*, et une gamelle ainsi mesurée, donne environ cent soixante livres de riz blanc.

Il n'y a pas de doute que si notre compagnie des Indes, qui est seule en possession de la traite dans cette île, voulait y encourager l'agriculture, elle ferait dans peu les plus grands progrès. Nos Isles de France et de Bourbon, qui en sont voisines, y trouveraient dans tous les tems une ressource assurée contre les disettes qui affligent fréquemment la première de ces îles. Nos escadres, destinées pour les grandes Indes, obligées de relâcher dans le port de l'Isle de France, pour s'y rafraîchir, y trouveraient des provisions abondantes apportées de Madagascar, et ne seraient pas dans le cas de perdre leur tems à aller à Batavia ou au Cap, mendier des vivres chez les hollandais, tandis que les ennemis nous enlèvent nos places, comme il est arrivé dans la guerre qui vient de finir en 1762 (1).

Le froment croîtrait à Madagascar dans la même abondance que le riz. Il a été cultivé autrefois avec succès dans l'établissement que nous possédions à la pointe méridionale de l'île sous le nom de *Fort-Dauphin*. On y trouve encore aujourd'hui de beaux épis de froment qui y fut cultivé anciennement, et, qui depuis que nous en avons été chassés, s'est semé annuellement de lui-même, et croît pêle-mêle avec les herbes naturelles du pays. Les terres y sont d'une

---

(1) Notre voyageur aurait dû parler de la bienveillance que nous ont témoignée les madégasses, et dont nous n'avons pas su profiter. En 1790, le gouvernement a envoyé des commissaires dans cette île et dans tous nos établissemens au-delà du Cap. Il serait tems de s'informer des opérations de ces commissaires ou d'en envoyer d'autres.

fertilité inconcevable; les insulaires sont intelligens et adroits. Dans les quartiers où les arabes (1) n'ont point pénétré, ils ont les simples lois de la nature et les mœurs des premiers hommes. Ces lois et ces mœurs sont plus favorables à l'agriculture que toutes nos sublimes spéculations, que nos traités les plus complets sur les meilleures pratiques, que tous ces moyens employés de nos jours, pour ranimer parmi nous un art que nos mœurs nous font regarder avec mépris, ou traiter avec légéreté, et qui est sans cesse harcelé, sans cesse opprimé par une foule d'abus sortis de nos lois mêmes.

Isle de Bourbon.

A deux cents lieues environ, à l'est de Madagascar, on trouve nos deux Isles de Bourbon et de France, dont le sol est naturellement aussi fertile que celui de Madagascar, et qui jouissent d'un climat beaucoup plus heureux. La première de ces îles n'a aucun port; elle est peu fréquentée par

---

(1) L'île de Madagascar est occupée par deux nations, les anciens naturels idolâtres et les arabes musulmans qui s'y établirent sous les premiers schalyfes.

nos vaisseaux. Les habitans y ont conservé des mœurs simples; l'agriculture y est assez florissante. L'Isle de Bourbon produit du froment, du riz, du maïs, pour les besoins de ses habitans, et même pour fournir à une petite partie de ceux de l'Isle de France. La culture y est la même qu'à Madagascar; les troupeaux de bœufs et de moutons qui ont été transportés de cette grande île, y réussissent d'autant mieux, qu'on a eu l'attention d'y transporter aussi le gramen nommé *fatak*, que j'ai dit ci-devant être un excellent pâturage.

La plus grande partie des terres de cette île est employée à la culture du caféier. Les premiers plants de cet arbrisseau y ont été apportés en droiture de Moka. Le caféier se multiplie par ses graines qui se sèment d'elles-mêmes; il exige peu de culture; elle se réduit à donner trois ou quatre labours à la jeune plante pendant la première année, pour la débarasser du voisinage des mauvaises herbes qui lui déroberaient sa subsistance. Dès la seconde année, elle croit sans soin; ses branches, qui naissent à fleur de terre, et qui s'étendent horizontalement, étouffent par leur ombre toutes les plantes étrangères qui pourraient croître à l'entour; au bout de dix-huit mois, le caféier commence à rapporter son fruit, et dès la troisième année, il donne une pleine récolte. On plante ces arbrisseaux en échiquier, à la distance de sept pieds environ les uns des autres, et lorsqu'ils s'élèvent trop, on les rabaisse en les coupant à deux pieds de terre.

Le caféier demande une terre légère, et il réussit mieux dans le sable presque pur, que dans une bonne terre. On observe à l'Isle de Bourbon que chacun de ces arbrisseaux rapportait annuellement, l'un dans l'autre, une livre de café. Ce fruit mûrit et se recueille à l'Isle de Bourbon dans un tems sec, ce qui lui donne un grand avantage sur les cafés de nos îles de l'Amérique, qui ne mûrissent et ne se recueillent que dans les saisons de pluie. Le café, après avoir été cueilli, demande à être desséché; c'est pourquoi on l'expose au soleil pendant plusieurs jours, jusqu'à ce que la fève paraisse extrêmement sèche et racornie. Alors on le dépouille de la pulpe, ce qui se fait avec des pilons dans de grandes auges de bois

Isle de France.

L'Isle de France possède deux excellens ports, où vont relâcher tous nos vaisseaux employés en tems de paix au commerce des Indes et de la Chine, et en tems de guerre à la défense de nos établissemens. Cette île est par conséquent moins isolée que celle de Bourbon. L'administration et les mœurs de l'Europe y ont plus d'influence. Elle renferme des terres aussi fertiles que celle de Bourbon ; des ruisseaux qui ne tarissent jamais, l'arrosent dans tous les sens comme un jardin ; et néanmoins les récoltes y manquent souvent. Elle est presque toujours dans la disette.

Depuis le célèbre La Bourdonnais, qui l'a gouvernée pendant dix à douze années, et qui doit être regardé comme le fondateur de la colonie, puisqu'il est le premier qui y ait établi l'agriculture, on a sans cesse erré de projets en projets ; on y a tenté la culture de toutes les espèces de plantes, et l'on n'en a suivi aucune. Le café, le coton, l'indigo, la canne à sucre, le poivrier, le cannelier, le mûrier, le thé, le cacaoier, le roucou, tout a été cultivé par essai, mais avec cette légéreté qui ne permet aucun succès. Si l'on avait suivi le plan simple du fondateur, qui était de s'assurer du pain, l'ile serait aujourd'hui florissante; l'abondance y régnerait parmi les colons; les équipages des vaisseaux y trouveraient les approvisionnemens nécessaires.

La culture des grains, quoique négligée et mal entendue, est celle qui réussit le mieux. Les terres qui y sont employées, rapportent successivement chaque année une récolte de froment et une autre de riz ou de blé de Turquie, sans jamais se reposer, sans recevoir aucun amendement, et sans autre labour que celui que j'ai dit être pratiqué à Madagascar.

Le manioc, qui a été transporté du Brésil par La Bourdonnais, et qui ne fut d'abord cultivé qu'avec répugnance et par force, est aujourd'hui la principale ressource des colons pour la nourriture des esclaves. La culture de cette racine est la même à l'Isle de France qu'en Amérique. Je ne répéterai pas ici ce que plusieurs voyageurs en ont dit.

On avait autrefois transporté de Madagascar dans cette île, des troupeaux nombreux de bœufs et de moutons; mais depuis que l'on a calculé qu'il y avait plus de profit particulier à transporter des esclaves que des bœufs, on a négligé l'augmentation des troupeaux, que les besoins continuels de la colonie et des vaisseaux diminuent sans cesse. D'ailleurs, on n'a encore formé dans l'île aucuns pâturages; ou ils ont été formés avec si peu d'intelligence, qu'aucun n'a réussi. L'île produit naturellement, en différens cantons, un *gramen* admirable qui croît à la hauteur de cinq à six pieds. Ce gramen sort de la terre au commencement de la saison des pluies; il fait toute sa végétation dans l'espace de trois mois que dure cette saison. Les colons profitent de ce tems pour y faire pâturer leurs troupeaux qui s'y engraissent promptement; mais la végétation finie, il ne reste plus sur la terre qu'une paille trop dure pour que les bêtes puissent s'en nourrir. Bientôt le feu, apporté par mille accidens au milieu de ces pailles, les consume, et avec elles une partie des forêts voisines.

Pendant

Pendant tout le reste de l'année, les troupeaux vont errer et languir dans les bois. La plus grande faute qui ait été commise dans cette île, celle qui préjudicie le plus au succès de la culture, est d'avoir défriché les forêts par le feu, sans laisser aucun bois de distance en distance dans les défrichemens. Les pluies, qui, dans cette île, sont le seul amendement et le meilleur que la terre puisse recevoir, suivent exactement les forêts, s'y arrêtent, et ne tombent plus sur les terres défrichées. D'ailleurs ces terres n'ont aucun abri contre la violence des vents qui détruisent souvent toutes les récoltes.

Nous avons vu ci-devant que les hollandais qui n'avaient pas de bois au Cap, y en ont planté pour garantir leurs moissons. L'Isle de France en était couverte, et nos colons les y ont détruits (1).

Observations faites à la côte de Coromandel.

Dans tous les tems l'agriculture a été

---

(1) C'est ainsi que l'imprévoyance nationale se peint dans nos opérations publiques ou particulières.

florissante aux Indes orientales ; elle y a néanmoins beaucoup dégénéré depuis la conquête des mogols (1), qui, comme tous les peuples barbares, ont méprisé le travail qui nourrit l'homme, pour s'attacher à cet art destructeur qui désole la terre.

En s'emparant du pays, les conquérans s'en sont approprié toutes les terres. Les empereurs des mogols les ont divisées en plusieurs grands fiefs amovibles qu'ils distribuent aux grands de leur empire, lesquels les afferment à leurs vassaux, et ceux-ci à d'autres ; de sorte que les terres ne sont plus cultivées que par des journaliers et des valets de sous-fermiers.

Comme il n'est pas de pays au monde plus sujet à révolution que celui des Indes, soumis à des maîtres dont le gouvernement est une véritable anarchie, le possesseur du fief ainsi que son fermier, sans cesse incer-

---

(1) Ces mogols ou *moughols* sont un mélange de persans septentrionaux et de tatars de la Transoxiane, de la Boukharie, du Mogolistan, etc. qui suivirent Babour, petit-fils de Tymour, et l'aidèrent à conquérir l'Indostan.

tains de leur sort, ne pensent qu'à dépouiller leurs terres et ceux qui les cultivent, sans y faire jamais aucune amélioration. Heureusement pour ces conquérans barbares, le peuple conquis, inviolablement attaché à ses mœurs antiques, n'a pas cessé de se livrer à l'agriculture par goût et par religion. Malgré la tyrannie insensée du mogol, le malabare, plein de mépris et de pitié pour le maître auquel il obéit, cultive avec la même ardeur que s'il en était propriétaire, le champ qui appartenait à ses pères, et dont la culture lui est confiée par l'usurpateur.

La tribu des laboureurs est une tribu honorée parmi les indiens. La religion même a consacré l'art de la culture, et jusqu'aux animaux destinés au labourage. Comme les Indes manquent en général de pâturages, que les chevaux y sont rares, que les bœufs et les buffles y multiplient difficilement, l'ancienne politique indienne a voulu que ce fût un crime contre la religion de tuer un de ces animaux utiles (1).

---

(1) Le plus grand bonheur auquel puisse prétendre un hindou, et le gage de celui dont il doit jouir dans l'autre vie est de mourir sur un lit de fiante de vache, en tenant la queue d'un de ces animaux.

Les malabares en tirent plus de service qu'aucun autre peuple ; ils les emploient comme nous, au labour et aux voitures ; de plus, ils leur font porter toute sorte de fardeaux. On ne voit guère d'autre bête de charge aux environs de Pondichéry ; je suis persuadé que dans tout pays on en pourrait tirer le même service.

Les terres de la côte de Coromandel sont des terres légères, sablonneuses et sèches. Cependant l'industrie et le travail des malabares en tirent deux récoltes par année, sans les laisser jamais reposer. A la récolte du riz succède celle de quelques menus grains, tels que le millet, ou quelques phaséoles dont les Indes produisent une infinité d'espèces.

Machine pour arroser les terres.

De tous les procédés de l'agriculture indienne, le plus remarquable est celui de l'arrosement des terres pour la culture du riz.

Si le terrain qu'on veut arroser, n'a dans son voisinage ni ruisseau, ni fontaine assez abondans, on y creuse un puits, sur le bord duquel on élève un pilier, à la même hauteur à peu-près que le puits a de profondeur. Ce pilier porte à son sommet qui est partagé en fourche, une cheville de fer qui en traverse horisontalement les deux portions, et qui supporte une bascule garnie d'échelons. La partie supérieure de cette bascule déborde le sommet du pilier de trois pieds environ, et porte une longue perche posée parallellement avec le pilier. A cette perche tient un grand seau de bois ou de cuivre. A côté de la machine est maçonné en brique et bien cimenté, un réservoir destiné à recevoir d'abord les eaux du puits. Ce réservoir est plus élevé que le terrain qui doit être arrosé. Il a sa décharge proportionnée du côté du champ. Tout étant ainsi disposé, un homme monte au haut du pilier par les échelons de la bascule. Dès qu'il est arrivé au sommet, un autre, placé sur le bord du puits, y enfonce la perche à laquelle tient le seau; alors celui qui était au sommet, descend par les mêmes échelons de la bascule, et amène à la hauteur du réservoir le seau plein d'eau que l'autre y renverse. Dès que le réservoir est plein, on ouvre la décharge; l'inondation commence et sé soutient par la manœuvre de ces deux hommes, qui passent quelquefois des journées entières, l'un a monter et à descendre, l'autre à renverser un seau.

Labourage.

Les malabares labourent leurs terres avec un instrument semblable à la herse de Provence, ou à la souchée en usage dans cette province. Ils y employent des bœufs et plus communément des buffles. Ces derniers sont plus forts, et résistent mieux aux chaleurs que les bœufs, qui, en général, sont faibles et de petite espèce à la côte de Coromandel.

Troupeaux de moutons et autres.

Ces animaux sont nourris avec de la paille de riz, quelques herbages et des fèves cuites. On voit çà et là dans les campagnes quelques petits troupeaux de cabrits, et d'autres de moutons qui diffèrent des nôtres en ce qu'ils sont couverts de poil au lieu de laine. On les connaît dans nos colonies sous le nom de *chiens marons*. Tous ces troupeaux sont maigres et multiplient peu.

Si les habitans de l'Inde se nourrissaient de viande, comme les européens, le pays serait bientôt dépeuplé de toute espèce de bétail. Il paraît donc que la loi religieuse qui fait un crime à l'indien de manger la chair des animaux, a été dictée par un sage politique, qui s'est servi de l'autorité de la religion pour assurer l'obéissance à un réglement que la physique du climat prescrit (1).

Les malabares se nourrissent de grains et sur-tout de riz, de beurre, de légumes et de fruits. Ils ne mangent rien de ce qui a eu vie. Ce sont les terres situées au midi et à l'ouest de l'Indostan, qui sont les greniers de ce vaste pays, et qui y maintiennent l'abondance. Ces terres sont restées entre les mains des anciens naturels de l'Inde, dont les lois sont très-favorables à

---

(1) C'est ainsi que dans tous les pays, la politique a présidé jusqu'à présent au régime diététique prescrit par les législateurs. Une triste et profonde connaissance de l'esprit humain les avait convaincus que leurs sages lois seraient plus solidement établies sur des préjugés superstitieux que sur la raison et l'utilité générale.

l'agriculture. Les mogols ont fait des efforts inutiles pour s'en emparer.

Jardins.

On ne voit dans les jardins malabares aucun légume qui vaille les nôtres. Après leurs différentes espèces de phaséoles, dont quelques-unes sont vivaces et d'autres *arborescentes*, la meilleure de celles qu'ils cultivent est la *bazella*, connue en France sous le nom d'épinard de Chine; c'est une plante vivace et grimpante que l'on rame comme nos pois, ou que l'on appuie contre des murailles, qu'elle couvre en très-peu de tems d'une verdure très-agréable; son goût est à peu-près le même que celui de notre épinard.

L'art du jardinage est peu connu à la côte de Coromandel. Les vergers y sont mieux fournis, quoiqu'ils n'aient aucun fruit qui puisse être comparé à ceux d'Europe. Les indiens n'ont pas l'art de la greffe; leurs fruits les plus communs sont l'ananas, la mangue, la banane, la gouyave. Les deux premiers de ces fruits, qui sont excellens à la côte de Malabar et en différentes parties des Indes, n'ont, à la côte de Coromandel, qu'une bonté très-médiocre (1).

Cocotier.

Le plus utile de tous les arbres de leurs vergers, est sans contredit le cocotier. Ce palmier porte des grappes de noix d'une grosseur monstrueuse. Lorsqu'on laisse venir ces noix à maturité, elles fournissent une huile abondante, que les indiens emploient à toute sorte d'usages, sur-tout à l'assaisonnement de leurs légumes, malgré le goût désagréable de cette huile pour quiconque n'y est pas accoutumé. Mais le meilleur moyen d'en rendre la culture profitable, c'est d'en tirer du vin. L'indien saisit le tems où la noix du cocotier a atteint la grosseur de nos noix ordinaires, ce qui arrive peu après la chûte de la fleur; alors il coupe la queue de grappe à la distance environ de sept à huit pouces du tronc de

---

(1) On trouve une longue nomenclature des fruits et des légumes les plus communs de l'Asie, dans une *notice* sur cette contrée, par le citoyen Langlès, dans le tom. 4 du *magasin encyclopédique.*

l'arbre. Il y attache un vase de terre pour recevoir la sève abondante qui en sort; il enveloppe exactement avec un linge l'ouverture du vase, pour garantir la liqueur de l'influence de l'air, qui la ferait aigrir; le vase se remplit dans vingt-quatre heures. L'indien est attentif à le changer chaque jour. Ce vin naturel se nomme *soury*; il se débite et se boit dans cet état. Il a à peu-près le goût et l'effet du moût de raisin; mais il se conserve peu de jours; il faut le passer à l'alambic, sans quoi il aigrirait et ne serait plus potable. Ce vin distillé est ce qu'on nomme *racque*; il est plus violent que notre eau-de-vie (1).

Un cocotier ainsi destiné à fournir du vin rapporte souvent une pagode de revenu (environ huit livres de notre monnaie). Ces arbres se plantent à la distance de vingt-cinq ou trente pieds; ils tardent dix à douze années à rapporter; mais ils donnent du fruit ou du vin pendant plus de

---

(1) On en distille une grande quantité à Batavia. La compagnie hollandaise s'est réservé cette fabrication, et l'afferme aux chinois établis dans l'île de Java.

cinquante ans. Ils aiment un sol sablonneux, et ils réussisent assez bien dans le sable pur.

Les malabares cultivent en plein champ plusieurs plantes à graines huileuses, telles que le sésame ou gergelin, qui est une grande digitale, et le *ricin* ou *palma christi*. Il faut que l'huile fraîche, tirée de la sève de cette dernière plante, qui est reconnue en France pour un caustique violent et dangereux, n'ait pas cette mauvaise qualité aux Indes; car les malabares la regardent comme un purgatif doux et le meilleur remède pour la plupart des maladies des enfans à la mamelle. L'usage est de leur en faire prendre tous les mois une cuillérée, en la mêlant en portion égale avec le lait de la mère. Je finis cet article en observant que l'on tomberait dans l'erreur si l'on pensait se former une idée de la culture générale des Indes, d'après ce que je viens de dire sur celle de la côte de Coromandel. Cette côte et les terres qui en dépendent sont une petite partie des Indes orientales, proprement dites, et cette partie est la plus stérile et l'une des plus dévastées par l'invasion des mogols, par les guerres continuelles que ces conquérans se font entre eux, et par leur gouvernement destructeur. La côte d'Orixa, celle de Malabar, le territoire de Surate, les rives du Gange et le cœur de l'Indostan, sont d'une toute autre fertilité, et l'agriculture est plus florissante dans quelques-unes de ces contrées. Je ne rends compte que de ce que les circonstances m'ont permis d'observer par moi-même.

État de l'agriculture dans le royaume de Siam.

Le royaume de Siam, situé dans la presqu'île de l'Inde, au-delà du Gange, possède un sol généralement bon, et des terres de la plus grande fertilité. Ce royaume, partagé comme l'Indostan, du nord au sud, par une chaîne de montagnes, jouit à-la-fois pendant toute l'année de deux saisons différentes. Sa partie occidentale qui regarde le golfe de Bengale, est arrosée par des pluies continuelles pendant six mois que dure la mousson des vents d'ouest. Cette saison humide est regardée comme un hiver dans cette partie, tandis que dans l'autre moitié du royaume qui regarde l'est, on jouit du plus beau ciel, et l'on ne s'apperçoit de la saison différente qui règne de l'autre côté, que par le débordement du *Menam*. Ce fleuve coule au pied des montagnes où s'arrêtent les pluies ; il baigne les murs de la capitale, et inonde annuellement, sans aucun ravage, un pays délicieux couvert de plantations de riz. Le limon que dépose le *Menam* engraisse singulièrement les terres ; le riz semble s'élever à proportion de ce que l'inondation augmente, et le fleuve rentre régulièrement dans son lit à mesure que le riz, approchant de sa maturité, n'a plus besoin de ses eaux. Voilà ce que la nature a fait pour les hommes qui habitent ce beau pays. Elle a fait plus ; elle a rempli les campagnes d'une multitude de fruits délicieux, qui n'exigent presque aucune culture. Tels sont les ananas, les mangoustes, fruits les plus délicats qu'il y ait peut-être sur la terre, les mangues de plusieurs sortes, toutes excellentes ; une variété infinie d'oranges et de bananes, le durion, la jacca et autres fruits de moindre qualité. Plus généreuse encore, la nature a placé dans les terres de cette contrée, et presque à la superficie, des mines d'or, de cuivre et d'étain fin, connu aux Indes sous le nom de calin.

Dans ce paradis terrestre, au milieu de tant de richesses, qui croirait que le siamois est peut-être le plus misérable des peuples ?

Le gouvernement de Siam est despotique; le souverain jouit seul du droit de la liberté naturelle à tous les hommes. Ses sujets sont ses esclaves; chacun d'eux lui doit six mois de service personnel chaque année, sans aucun salaire et même sans nourriture. Il leur accorde les six autres mois pour se procurer de quoi vivre. Sous un tel gouvernement, il n'y a point de loi qui protége les particuliers contre la violence, et qui leur assure aucune propriété. Tout dépend des fantaisies d'un prince abruti par toute sorte d'excès, et sur-tout par ceux du pouvoir; qui passe ses jours enfermé dans un serrail, ignorant tout ce qui se fait hors de son palais, et sur-tout les malheurs de ses peuples. Cependant ceux-ci sont livrés à la cupidité des grands, qui sont les premiers esclaves, et approchent seuls, à des jours marqués, mais toujours en tremblant, de la personne du despote, qu'ils adorent comme une divinité sujette à des caprices dangereux.

La religion seule a conservé le pouvoir de protéger contre la tyrannie ceux qui se rangent sous son étendard et se font admettre au rang des prêtres de *Somonacondum*, le Dieu des siamois. Ceux qui prennent ce parti, et le nombre en est grand, sont obligés par la loi à garder le célibat, ce qui occasionne dans un climat chaud comme celui de Siam, beaucoup de désordre, et dépeuple entièrement le pays.

On conçoit facilement que sous un tel gouvernement, l'agriculture ne saurait prospérer; on pourrait même dire qu'elle est presque nulle à Siam, si l'on compare la petite quantité de terres cultivées, à l'étendue immense de terrain qui reste en friche.

Dans les terres mêmes qui sont mises en valeur, on peut dire que c'est la nature qui fait presque tout. Les hommes opprimés, avilis, sans courage, et pour ainsi dire, sans bras, ne se donnent guère d'autres soins que celui de recueillir ses dons ; et comme le pays est fort étendu, et la population très-petite, elle jouit abondamment du nécessaire presque sans travail.

Depuis le port de Mergin, situé sur la côte occidentale de ce royaume, jusqu'à la capitale, on traverse, pendant dix à douze journées, des plaines immenses très-bien arrosées, qui offrent à la vue un sol excellent, dont quelques-unes paraissent avoir été cultivées autrefois, et qui sont toutes en friche. On est obligé de faire ce voyage par caravannes, à cause des tigres et des éléphans, à qui ce beau pays est abandonné. On marche pendant plus de huit jours sans trouver aucune peuplade.

Les environs de la capitale sont cultivés; les terres du roi, celles des princes, des ministres et des premiers officiers, annoncent l'extrême fertilité du pays; on y assure que ces terres rapportent ordinairement deux cents pour un.

La méthode des siamois pour la culture du riz, est de le semer d'abord fort épais dans un petit carré de terre bien arrosé, sans l'enterrer beaucoup. Dès que les plantes sont parvenues à la hauteur de cinq à six pouces, on les arrache et on les transplante par

par petits paquets de trois à quatre brins, à la distance d'environ quatre pouces en tout sens les uns des autres. On enfonce ces plantes jusqu'au collet dans une terre boueuse, qui a reçu un bon labour à la charue, tirée par une paire de buffles. Le riz transplanté de la sorte, talle beaucoup, et rapporte plus sans comparaison que celui qu'on laisserait croître dans la même terre où on l'aurait d'abord semé.

Ce sont des chinois et des cochinchinois établis dans la capitale, et dans ses environs, qui contribuent le plus à faire valoir les terres. Ces étrangers étant utiles au souverain par le commerce qu'ils font avec lui, l'intérêt du gouvernement les garantit de la tyrannie. Dans le voisinage des terres cultivées dont je viens de parler, il s'en trouve d'appartenantes à différens particuliers, qui, découragés par les vexations continuelles qu'ils éprouvent, les ont abandonnées. On est étonné de voir ces terres qui, quelquefois n'ont été ni labourées, ni ensemencées depuis plusieurs années, produire néanmoins de belles récoltes de riz. Ce grain, recueilli négligemment, se sème de lui-même, et se reproduit ainsi tout seul à l'aide des inondations du Menam; ce qui prouve tout à-la-fois l'extrême fertilité de la terre, et le malheur de ses habitans.

Les vergers du prince, des grands et des talapoins, sont admirables par la variété des fruits, tous meilleurs les uns que les autres, qu'on y trouve. Mais il n'est guère permis à des particuliers d'en avoir de semblables. Lorsqu'un particulier a le malheur de posséder un arbre d'excellent fruit, tel que de mangoustes, des soldats ne manquent pas de venir annuellement arrêter pour le roi, ou pour quelques ministres tous les fruits de cet arbre. Ils les comptent tant bien que mal, en rendent caution ou gardien celui qui en est propriétaire, et si, lors de la maturité, le nombre des fruits ne se trouve pas, le pauvre propriétaire est traité d'une manière indigne. On conçoit qu'il est de l'intérêt des particuliers de ne posséder aucun arbre semblable.

Les siamois élèvent quelques troupeaux de buffles et de bœufs, pour lesquels ils ne se donnent d'autres soins que de les conduire tous les jours dans des terres en friche, qui abondent en pâturages, et de les ramener tous les soirs dans des parcs, pour les garantir des tigres, qui sont très-communs dans ce pays. Ils n'en tirent aucun laitage et très-peu de service. Leur religion, qui est la même qu'aux grandes Indes, et qui n'est guère connue que des talapoins, leur défend de tuer ces animaux (1). Ils éludent la loi en les vendant aux mahométans établis chez eux, qui les tuent et en débitent la viande en secret. Ils élèvent beaucoup de volaille et sur-tout des canards, de la meilleure espèce qui se trouve aux Indes.

Le roi entretient une grande quantité d'éléphans apprivoisés. Ces animaux monstrueux occupent chacun jusqu'à douze ou quinze hommes journellement pour leur couper de l'herbe, des bananiers, des cannes à sucre. Ils ne sont d'aucune utilité réelle, ils ne servent qu'à la décoration. Ils annoncent, disent les siamois, la grandeur de

---

(1) On peut voir une comparaison curieuse entre les religions de l'Inde, de Siam, du Japon, etc, dans les sketches *relating to the history*, etc, *of the Hindostan*, by *Crauffurd*.

leur prince, et celui-ci mesure sa puissance sur le nombre de ses éléphans plutôt que sur celui de ses sujets.

Au reste, ces animaux font beaucoup de dégâts. Ceux qui en ont la conduite rançonnent tous les particuliers qui possèdent des terres ou des jardins, sans quoi ils y feraient entrer leurs éléphans qui ravageraient tout; et quel serait le sujet assez téméraire pour oser manquer de respect aux éléphans du roi de Siam, dont plusieurs, à la honte de l'esprit humain, sont chargés de titres et décorés des premières dignités du royaume (1).

État de l'agriculture chez les malais.

Au-dessus du royaume de Siam, est située la presqu'île de Malaca (2). Ce pays fut autrefois très-peuplé, et par conséquent bien

---

(1) Caligula avait décoré son cheval du titre de consul. Les tyrans de tous les pays et de tous les tems se ressemblent.

(2) Proprement Malak, mot commun à plusieurs langues de l'Asie, et qui signifie *roi;* sans doute, parce que cette presqu'île, depuis un tems immémorial, est soumise au régime monarchique.

cultivé. Le peuple qui l'habitait, formait une puissance considérable, et jouait un rôle brillant dans l'Asie; il couvrait la mer de ses vaisseaux, et faisait un commerce immense. Il avait apparemment d'autres lois que celles qui le gouvernent aujourd'hui. Il en est sorti en différens tems une multitude de colonies, qui ont peuplé de proche en proche les îles de Sumatra, de Java, de Bornéo, et Célebes ou Macassar, des Moluques, les Philippines et les îles innombrables de tout cet archipel qui borne l'Asie au levant, et qui occupe environ sept cent lieues en longitude de l'est à l'ouest, sur six cent en latitude du nord au sud. Tous les habitans, au moins ceux des côtes de ces îles, font un même peuple; ils parlent à-peu-près le même langage; ils ont les mêmes lois et les mêmes mœurs. Il est assez singulier que cette nation, qui occupe une partie aussi considérable de la terre, soit à peine connue en Europe (1).

―――――――――

(1) On peut en dire autant de la langue malaise, répandue dans presque toutes les îles de l'océan indien, et presqu'absolument ignorée en Europe. On trouvera un *vocabulaire*, des dialogues et une

Je vais donner une idée de ses lois et de ses mœurs, et l'on jugera facilement de son agriculture.

Les voyageurs qui fréquentent les malais, sont très-étonnés de trouver au midi de l'Asie, et sous le climat brûlant de la ligne, les lois, les mœurs, les usages et les préjugés des anciens peuples du nord de l'Europe. Les malais sont gouvernés par les lois féodales, par ces lois bizarres, imaginées pour défendre contre le pouvoir d'un seul, la liberté de quelques-uns, en livrant la multitude à l'esclavage. Ils ont les mœurs, les usages et préjugés que ces lois donnent.

Un chef qui a le titre de roi ou de sultan (1) commande à de grands vassaux qui

---

notice des livres élémentaires malais, dans le voyage de *Tunberg*.

(1) On peut voir dans le *voyage de Tunberg*, tom. 1, les titres de ce roi et de ses grands vassaux. Il se qualifie particulièrement de *seigneur des vents et des mers de l'orient et de l'occident, ce qui prouve, suivant Kœmpfer, (histoire du Japon,* tom. 1, pag. 148, édit. in-12) que ses sujets faisaient le commerce, non seulement sur les côtes de l'Asie, mais encore sur celles d'Afrique, particulièrement à la grande île de Madagascar, nommée *Serandat* par les arabes.

obéissent quand ils le veulent. Ceux-ci ont des arrière-vassaux, qui en usent souvent de même à leur égard. Une petite partie de la nation vit indépendante, sous le titre d'*o-rang-caïo* (1) ou noble, et vend ses services à celui qui les paye le mieux, c'est-à-dire, le corps de la nation est composé de serfs, et vit dans l'esclavage.

Avec de telles lois, les malais sont un peuple inquiet, aimant la navigation, la guerre, le pillage, les émigrations, les colonies, les entreprises téméraires, les avantures, la galanterie. Ils parlent sans cesse d'honneur, de bravoure, et dans le vrai, ils passent chez ceux qui les fréquentent, pour le peuple le plus traître et le plus féroce qu'il y ait sur la terre ; et ce qui m'a paru fort singulier, c'est qu'ils parlent la langue la plus douce de l'Asie. Ce que le comte de Forbin a dit dans ses mémoires, de la férocité des macassars, est exactement

---

(1) *Orang* est un mot malais qui signifie *homme*; la terminaison *caïo* est une espèce d'emphatique. Ce mot malais signifie littéralement *homme de distinction, d'importance.*

vrai, et convient également à tous les peuples malais. Plus attachés aux lois insensées de leur prétendu honneur, qu'à celles de la justice et de l'humanité, on voit toujours parmi eux, le fort attaquer le faible. Leurs traités de paix et d'amitié ne durent jamais au-delà de l'intérêt qui les leur a fait faire. Ils sont toujours armés et toujours en guerre entr'eux, ou occupés à piller leurs voisins.

Cette férocité que les malais qualifient de bravoure, est si connue des compagnies européennes qui sont établies aux Indes, que toutes se sont accordées à faire un réglement qui défend aux capitaines de leurs vaisseaux qui vont dans les îles malaises, de prendre à bord aucun matelot de cette nation, ou tout au plus, dans un extrême besoin, d'en prendre plus de deux ou trois.

On a vu quelquefois de ces hommes atroces, embarqués imprudemment en très-petit nombre, attaquer dans le moment qu'on y pensait le moins, un vaisseau, le poignard à la main, et tuer beaucoup d'hommes avant qu'on pût s'en rendre maître. On a vu des bateaux malais armés de vingt-cinq à trente hommes, aborder hardiment des vaisseaux européens de quarante canons, pour s'en emparer et massacrer avec le poignard une partie de l'équipage. L'histoire malaise est pleine de traits semblables, qui annoncent tous la férocité la plus téméraire (1).

Le malais qui n'est pas serf, est toujours armé; il rougirait de sortir de sa maison sans son poignard qu'il nomme *cris* (2). L'industrie de la nation s'est surpassée dans la fabrication de cet instrument destructeur.

Comme il passe sa vie dans l'inquiétude et dans l'agitation, il ne saurait s'accommoder d'un habillement ample et large, tel qu'on en voit chez tous les autres asiatiques. Les habits du malais sont justes au corps et chargés d'une multitude de boutons qui le serrent de toutes parts. Je rapporte ces petites observations pour prouver que dans les cli-

---

(1) Les macassars et les bugess qui sont des espèces de colonies malaises ont conservé ce caractère national. Le capitaine Forrest cite plusieurs traits incroyables de courage ou plutôt de frénésie de la part de différens malais, macassars et bugess.

(2) *Cris* est un mot malais qui signifie une *épée*, un *poignard;* il ressemble beaucoup au mot flammand *Keris*, qui a la même signification.

mats les plus différens, les mêmes lois donnent des mœurs, des usages et des préjugés semblables. Leur effet est le même relativement à l'agriculture (1).

Les terres possédées par les malais, sont en général de très-bonne qualité. La nature semble avoir pris plaisir d'y placer ses plus excellentes productions. On y voit tous les fruits délicieux que j'ai dit se trouver sur le territoire de Siam, et une multitude d'autres fruits agréables qui sont particuliers à ces îles. Les campagnes sont couvertes de bois odoriférans, tels que le bois *d'aiglo* ou *d'aloé*, le *santal* et le *cassia odorata*, espèce de cannelle. On y respire un air embaumé par une multitude de fleurs agréables qui se succèdent toute l'année, et dont l'odeur suave pénètre jusqu'à l'ame, et inspire la volupté la plus séduisante. Il n'est point de voyageur qui, en se promenant dans les campagnes de Malaca, ne se sente invité

---

(1) Quoique notre philosophe n'ait pas cru devoir nommer la nation à laquelle il fait ici allusion, il est aisé de deviner qu'il s'agit des français, qui, à l'époque où Poivre écrivait, avaient en effet bien des conformités avec les malais.

à fixer son séjour dans un lieu si plein d'agrémens, dont la nature seule a fait tous les frais.

Les îles malaises produisent beaucoup de bois de teinture, sur-tout du sapan, qui est le même que le bois de Brésil. On y trouve plusieurs mines d'or que les habitans de Malaca et de Sumatra nomment *ophirs*, et dont quelques-unes, sur-tout celles que renferme la côte orientale de Célebes et les îles adjacentes, sont plus riches que toutes celles du Pérou et du Brésil. On y connaît des mines de cuivre naturellement mêlé d'or, que les habitans nomment *tombage*; des mines très-abondantes de calin ou d'étain fin dans les îles de Sumatra et de Banca; enfin une mine de diamans à *Succadana* dans le sud-est de Bornéo. Ces îles possèdent exclusivement le rotin, le sagou ou palmier à pain, le camphre et les aromates précieux, que nous connaissons sous le nom d'épiceries fines.

La mer d'accord avec la terre leur fournit la pêche la plus abondante; et de plus, l'ambre-gris, les perles et les nids d'oiseaux si recherchés en Chine, formés dans les rochers avec le fray de poisson et l'écume de mer, par de petites hirondelles de mer, nourriture pleine de substance que les chinois ont payé long-tems au poids de l'or, et qu'ils achetent encore actuellement à un prix excessif.

Au milieu de tous ces dons de la nature, le malais est misérable. La culture des terres abandonnées aux esclaves, est un art méprisé. Ces cultivateurs malheureux, sans cesse arrachés aux travaux champêtres par des maîtres inquiets, qui aiment mieux les employer à la guerre et aux expéditions maritimes, ont rarement le tems et jamais le courage de donner à leurs terres de bons labours. Le pays reste presque tout en friche; on ne lui fait pas produire le riz, ou les grains nécessaires à la subsistance de ses habitans.

Le sagou.

L'arbre de sagou supplée en partie au défaut de graines. Cet arbre admirable est un présent de la nature, bien fait pour des hommes incapables de travail. Il ne demande aucune culture; c'est un palmier qui croît naturellement dans les forêts à la hauteur d'environ vingt-cinq à trente pieds. Il devient quelquefois si gros, qu'un homme a de la peine à l'embrasser. Il se multiplie lui-même par ses graines et ses rejettons. Son écorce ligneuse a environ un pouce d'épaisseur, et couvre une multitude de fibres allongées qui, s'entrelaçant les unes dans les autres, enveloppent une masse de farine gommeuse(1). Dès que cet arbre est mûr et prêt à donner sa substance, il l'annonce en se couvrant à l'extrémité de ses palmes d'une poussière blanche, qui transpire au travers des pores

---

(1) Les feuilles du palmier-sagou servent à couvrir les maisons des habitans de Magumdano. Ces couvertures durent au moins huit ans. Les malais emploient au même usage les feuilles de l'arbre qu'ils nomment *nipa*, espèce de cocotier, qui croît dans les parties basses de la presqu'île de Malaca et sur le bord des rivières d'Afrique. Ces dernières couvertures ne durent pas plus de quatre ans. Les habitans de Sumatra tirent d'une espèce de palmier qu'ils nomment *éjou* une substance noire comme du crin de cheval, nommée *gummaty* à Malaca, dont ils font des couvertures de maison qui durent quarante ans; cette substance est élastique comme le cuir, et sert à faire d'excellens cordages, voyez *Forrest, voyage from Calcutta to the Mergui archipelago lying on the east side of the Bengal*, pag. 128.

de la feuille. Alors le malais l'abat par le pied, et le coupe en plusieurs tronçons qu'il fend par quartiers. Il en tire la masse de farine qui y est renfermée et qui est adhérente aux fibres qui l'enveloppent. Il délaye le tout dans l'eau commune, qu'il passe ensuite au travers d'une chausse de toile fine pour en séparer toutes les fibres. Lorsque cette pâte a perdu une partie de son humidité par l'évaporation, le malais la jette dans des moules de terre de différentes formes, et l'y laisse sécher et durcir. Cette pâte est une nourriture saine. Elle se conserve ainsi pendant plusieurs années.

Pour manger le sagou, les indiens se contentent de le délayer dans l'eau; quelquefois ils le font cuire. Ils ont l'art de séparer la fleur de cette farine et de la réduire en petits grains, de la forme à-peu-près des grains de riz. Ce sagou ainsi préparé, est préféré à l'autre pour les vieillards et pour les infirmes; il est un excellent remède pour les poitrinaires. Lorsqu'il est cuit dans l'eau pure ou dans le bouillon, il se réduit en une gelée blanche très-agréable au goût.

Quoique le palmier sagoufère se trouve naturellement dans les forêts, néanmoins les chefs malais en font des plantations considérables, et c'est-là une de leurs principales ressources pour se nourrir.

Ils auraient de quoi former les plus beaux vergers du monde, s'ils se donnaient la peine de rassembler des plantes de tous les excellens fruits que la nature leur a donnés. On trouve leurs arbres fruitiers plantés çà-et-là autour de leurs maisons, et dispersés dans leurs terres, sans ordre et sans symmétrie.

Les habitans de la grande île de Java sont un peu plus agriculteurs que les autres malais, depuis qu'ils sont soumis aux hollandais. Ces négocians souverains ont profité des désordres occasionnés par leurs lois féodales, pour les mettre tous sous le joug, en détruisant avec art la puissance des rois, par celle de leurs vassaux; puis celle des vassaux par des secours donnés à propos aux rois à demi terrassés.

Aujourd'hui les javanais commencent à revenir de l'inquiétude que leur causaient leurs lois qu'ils ont presque perdues (1). Ils cultivent avec succès le riz, le café, l'indigo et la canne à sucre. Ils élèvent dans la partie orientale de l'île, et dans celles de Madur et de Solor qui en sont voisines, des troupeaux de buffles d'une grosseur monstrueuse, dont la viande est très-bonne, et qui sont d'un grand service pour le labourage. Ils y élèvent aussi des troupeaux nombreux de bœufs, de la plus belle et de la plus grande espèce que j'aie vu dans le monde. Le pâturage le plus commun de cette partie de ces îles malaises, est le même gramen dont j'ai parlé à l'article de l'Isle de France, et dont nos colons profitent si peu.

Ce serait ici le lieu de vous donner, messieurs, les procédés de la culture des épiceries, de l'indigo, de la canne à sucre et de la récolte du camphre; mais cette matière sera le sujet d'un autre discours.

---

(1) Ils perdent même leur langue qui était toute différente du malais. Elle ne se parle maintenant que dans les montagnes situées au centre de la grande Java. On en trouvera un échantillon dans le tome ▲ des ouvrages de *Thunberg*.

J'aurais

J'aurais souhaité pouvoir comprendre dans ce mémoire mes observations sur la culture des terres en Chine ; vous eussiez été en état de comparer nation à nation. Après avoir vu l'agriculture méprisée, avilie chez les peuples barbares, opprimée, chargée d'entraves par leurs lois alambiquées, vraies productions du délire et absolument contraires à la raison, vous eussiez vu ce même art, cet art divin, puisqu'il fut seul enseigné à l'homme par l'auteur de son être, soutenu, protégé par des lois simples qui sont celles de la nature, dictées par elle aux premiers hommes, et conservées de génération en génération, depuis l'origine du monde, par un peuple sage, par la plus grande nation agricole qu'il y ait sur la terre.

Ce tableau de comparaison vous eût fait voir, d'une part, la misère et les malheurs de toute espèce qui accompagnent l'abandon de l'agriculture ; de l'autre, ce que cet art honoré, protégé, préféré, comme il doit l'être, peut pour le bonheur de l'humanité.

SUITE
DES OBSERVATIONS
SUR L'ÉTAT
DE L'AGRICULTURE
Chez différentes nations de l'Afrique et de l'Asie.

SUITE
DES OBSERVATIONS
SUR L'ÉTAT
DE L'AGRICULTURE

Chez différentes nations de l'Afrique et de l'Asie.

J'AI rendu compte de mes recherches sur l'état de l'agriculture, chez les différens peuples de l'Afrique et de l'Asie. J'ai fait remarquer qu'elle était presque nulle chez les nègres stupides et indolens, qui habitent les côtes occidentales de l'Afrique; qu'elle était florissante à l'ombre de la liberté; chez les hollandais au Cap de Bonne-Espérance; et accompagnée de l'abondance la plus heureuse dans le sol fertile de l'île de Madagascar, habitée par un peuple simple, qui est gouverné par ses mœurs simples, et qui ne connaît d'autres lois que celles de la nature.

J'ai rendu justice à la bonne culture des terres de notre Isle de Bourbon, en faisant remarquer que cette île n'a aucun port;

que ses habitans, ayant par cette raison peu de commerce avec les européens, ont conservé des mœurs simples bien favorables à l'agriculture. J'ai avoué en même tems que cet art qui demande de la constance et de la simplicité, était fort négligé dans notre Isle de France, qui a deux excellens ports très-fréquentés par nos vaisseaux. L'administration variable et les mœurs inquiètes de l'Europe, y ont par conséquent plus d'influence. Quoiqu'elle renferme des terres aussi fertiles que celles des Isles de Bourbon et de Madagascar, néanmoins les récoltes y manquent souvent, elle est presque toujours dans la disette.

J'ai passé ensuite aux grandes Indes, où j'ai fait voir l'agriculture opprimée par les lois barbares des conquérans mogols, mais toujours honorée, toujours contenue par la religion, par les mœurs, par la constance du malabare conquis (1).

A Siam, dans le climat le plus heureux, dans le sol le plus fertile qu'il y ait sur la

---

(1) Notre auteur parle ici des naturels de l'Inde, connus sous le nom d'*hindoux* ou de *gentoux*, et répandus non seulement sur la côte de Malabare, mais encore dans tout l'Indostan.

terre, vous la vîtes avilie par les indignités d'un gouvernement despotique, et abandonnée par un peuple d'esclaves que rien ne peut intéresser après la perte de sa liberté; je vous le représentai dans le même état chez les malais, qui habitent un pays immense, des îles innombrables dans lesquelles la nature a renfermé ses trésors les plus précieux, et où elle répand ses dons avec une profusion qu'on ne voit point ailleurs. Le génie destructeur des lois féodales, qui agite sans cesse ce peuple, ne lui permet pas de s'appliquer à la culture des meilleures terres qu'il y ait au monde. La nature fait presque seule tous les frais de sa nourriture.

Il y a lieu de croire que si les autres peuples de la terre, qui ont le malheur d'être gouvernés par les lois féodales, habitaient un climat si heureux, des terres naturellement si fertiles que celles que possèdent ces malais, leur agriculture serait également nulle. Le seul besoin de vivre peut leur mettre la charue à la main (1).

---

(1) Ces réflexions, sous un gouvernement despotique, valent peut-être les déclamations ampoulées de quelques politiques modernes.

J'ai donné en détail les procédés les plus intéressans des différentes cultures locales que j'ai observées ; mais mon objet principal a été de faire remarquer, d'après des recherches chez les différens peuples que j'ai vus, que dans tous les pays du monde, l'état de l'agriculture dépend uniquement des lois qui y sont établies, et par conséquent des mœurs et des préjugés que donnent ces lois. La suite de mes observations aidera à confirmer ce que j'ai avancé.

PUISSANCE DE L'AGRICULTURE.

Origine du royaume de Ponthiamas.

En quittant les îles et les terres des malais, on trouve au nord un petit territoire nommé *Cancar*, et connu sur les cartes marines sous le nom de *Ponthiamas*. Il est enclavé dans le royaume de Siam, que le despotisme dépeuple sans cesse, entre celui de Camboye, dont le gouvernement n'a aucune forme stable, et entre les terres de la domination des malais, dont le génie, sans cesse agité par leurs lois féodales, ne peut souffrir la paix, ni au dedans, ni au dehors. Environné de tels voisins, ce beau pays était inculte, et presque sans habitans, il y a environ cinquante années.

Un négociant chinois, maître d'un vaisseau qui servait à son commerce, fréquentait ces côtes avec ce génie réfléchi, et cette intelligence qui est naturelle à sa nation. Il vit avec douleur des terres immenses condamnées à la stérilité, quoiqu'elles fussent d'un sol naturellement plus fertile que celles qui faisaient la richesse de son pays : il forma le projet de les faire valoir. Dans ce dessein, il s'assura d'un certain nombre de cultivateurs de sa nation et des nations voisines; puis il commença par se ménager, avec art, la protection des princes les plus puissans du voisinage, qui lui donnèrent une garde à sa solde.

Dans ses voyages aux îles Philippines et à Batavia, il avait pris des européens, ce qu'ils ont de meilleur, suivant les chinois, dans la science politique, l'art de se fortifier et de se défendre. Bientôt les profits de son commerce le mirent en état d'élever des remparts, de creuser des fossés, et de se pourvoir d'artillerie. Ces premières précautions le mirent à couvert d'un coup de main, et le garantirent des entreprises des peuples barbares qui l'environnaient.

Il distribua les terres à ses cultivateurs en pur don, sans aucune réserve de ses droits, connus sous le nom de services, lods et ventes; droits qui, ne laissant aucune propriété, sont le fléau le plus terrible de l'agriculture, et dont l'idée n'est jamais tombée sous le sens commun des peuples sages. Il ajouta à ce premier bienfait, celui de procurer à ses colons, tous les instrumens pour faire valoir les terres.

Dans son projet de former un peuple de laboureurs et de négocians, il crut ne devoir proposer que les lois que la nature a données aux hommes de tous les climats; il sut les faire respecter en leur obéissant le premier, en donnant l'exemple de la simplicité, du travail, de la frugalité, de la bonne foi et de l'humanité; il n'établit aucunes lois, il fit plus, il établit des mœurs (1).

Son territoire devint le pays de tous les hommes laborieux qui voulurent s'y établir. Son port fut ouvert à toutes les nations; bientôt les forêts furent abattues avec intelligence, les terres furent ouvertes et ensemencées de riz; des canaux tirés des rivières inondèrent les champs, et des moissons abondantes fournirent d'abord aux cultivateurs la matière de leur subsistance, puis l'objet d'un commerce immense.

Les peuples barbares du voisinage, étonnés de la promptitude avec laquelle l'abondance

---

(1) Grande et belle idée qui semble jusqu'à présent avoir échappé à nos législateurs.

avait succédé à la stérilité, vinrent chercher leur nourriture dans les magasins de *Ponthiamas*. Ce petit territoire est regardé comme le grenier le plus abondant de cette partie orientale de l'Asie. Les malais, les cochinchinois, Siam même, ce pays naturellement si fertile, regardent ce port comme une ressource assurée contre les disettes.

Les procédés de la culture du riz, qui est la principale du pays, sont les mêmes qu'en Cochinchine ; j'en parlerai ci-après. Mon objet est de faire remarquer que ce n'est pas à une méthode particulière de cultiver la terre, que les heureux habitans de *Ponthiamas* doivent l'abondance dont ils jouissent, mais à leurs lois et à leurs mœurs.

Si le négociant chinois, fondateur de cette société de laboureurs négocians, imitant le vulgaire des souverains de l'Asie, avait établi des impôts arbitraires ; si, par une invention féodale dont il avait l'exemple chez ses voisins, il avait voulu garder pour un seul la propriété des terres, en feignant de les céder aux cultivateurs; si, dans un palais, il avait établi le luxe à la place de la simplicité qu'il fit régner dans sa maison; s'il avait mis sa grandeur à avoir une cour brillante, à se voir environné d'une foule de serviteurs inutiles, en donnant la préférence aux talens agréables; s'il avait méprisé ces hommes laborieux qui ouvrent la terre, l'arrosent de leur sueur, et nourrissent leurs frères; s'il avait traité ses associés comme des esclaves; s'il avait reçu dans son port les étrangers, autrement que comme ses amis (1); les terres de son territoire seraient encore en friche et dépeuplées, ou ses malheureux habitans mourraient de faim, malgré toutes leurs connaissances sur l'agriculture, et avec les instrumens les plus merveilleux, soit pour ouvrir la terre, soit pour l'ensemencer. Mais le sage Kiang-tse, c'est le nom du négociant chinois dont je parle, persuadé qu'il serait toujours très-riche, si ses cultivateurs l'étaient, n'établit qu'un droit médiocre sur les marchandises qui entraient dans son port; le revenu de ses terres lui parut suffire pour le rendre puissant. Sa

---

(1) Sarcasmes plus ou moins directs contre le gouvernement français, à l'époque où Poivre écrivait. Mais aurait-il approuvé que les autres citoyens deviennent les victimes de la monopole des cultivateurs avides ?

bonne foi, sa modération, son humanité le firent respecter. Il ne prétendit jamais régner, mais seulement établir l'empire de la raison. Son fils, qui occupe aujourd'hui sa place, a hérité de ses vertus, comme de ses biens. Il est parvenu par l'agriculture et le commerce des denrées que produit son territoire, à un tel degré de puissance, que les barbares ses voisins lui donnent tous le titre de roi qu'il dédaigne. Il ne prétend des droits de la royauté que le plus beau de tous, celui de faire du bien à tous les hommes. Très-content d'être le premier laboureur et le premier négociant de son pays, il mérite sans doute, ainsi que son père, un titre plus grand que celui de roi, celui de BIENFAITEUR DE L'HUMANITÉ.

Qu'il me soit permis de le dire ici en passant, quelle différence entre de tels hommes et ces conquérans célèbres qui ont étonné, désolé la terre, et qui, abusant du droit de conquête, ont établi des lois, qui, même après que le genre humain a été délivré d'eux, perpétuent encore les malheurs du monde, pendant la suite des siècles!

Camboye, Tsiampa.

En sortant de *Ponthiamas*, on trouve au nord les terres de *Camboye* et de *Tsiampa*. Elles sont naturellement de la plus grande fertilité, sur-tout celles de *Camboye*, qui paraissent avoir été anciennement bien cultivées ; mais le gouvernenent de ces deux petits états, n'a aucune forme stable. Les habitans, toujours occupés à détruire des tyrans, pour en recevoir d'autres, ont abandonné la culture. Leurs terres pourraient être couvertes de riz et de troupeaux, et ils sont réduits à ne vivre que de quelques racines qu'ils arrachent au travers des ronces qui couvrent leurs champs.

Les voyageurs trouvent avec étonnement, à quelque distance de la peuplade de *Camboye*, les ruines d'une ancienne ville bâtie en pierre, dont l'architecture a quelque rapport avec celle de l'Europe. Les terres des environs portent encore des traces de sillons qui y furent ouverts autrefois. En cet endroit, tout annonce que l'agriculture et les autres arts y ont fleuri, mais ils sont disparus avec la nation qui les possédait. Celle qui habite aujourd'hui ce pays, n'a aucune histoire, aucune tradition même qui puisse donner des éclaircissemens á ce sujet.

Cochinchine.

Les cochinchinois, voisins de *Camboye*, du côté du nord, voyant les terres de ce royaume abandonnées, se sont emparés, il y a quelques années, de celles qui étaient le plus à leur bienséance, et ils y ont établi une bonne culture. La province entière de *Donnay*, ainsi usurpée sur le *Camboye*, est aujourd'hui le grenier de la Cochinchine. Ce royaume, l'un des plus considérables de la partie orientale de l'Asie, était, il y a tout au plus cent cinquante ans, habité par une petite nation barbare et sauvage, connue sous le nom de *Loï*, qui, ne vivant que de la pêche, de racines et de fruits naturels du pays, cultivait peu les terres.

Un prince tonquinois, malheureux dans la guerre qu'il eut à soutenir contre le roi de Tonquin, dont il était le maire du palais, passa, avec ses soldats et ceux de son parti, la rivière qui sépare ce royaume de celui de la Cochinchine. Les sauvages qui possédaient ce pays, s'enfuirent devant ces nouveaux arrivés,

rivés, et se retirèrent sur les montagnes de *Tsiampa.* Après quelques années de guerre contre leurs anciens ennemis qui les poursuivirent, les tonquinois fugitifs de leur patrie, devinrent paisibles possesseurs du pays connu sous le nom de Cochinchine, qui a deux cents lieues d'étendue du nord au sud, sur une largeur médiocre et inégale de l'est à l'ouest. Alors ils se livrèrent entièrement à l'agriculture; ils commencèrent par cultiver le riz, qui, étant la nourriture ordinaire des peuples de l'Asie, est une denrée de première nécessité. Ils se séparèrent en petites peuplades qui s'établirent dans les plaines, sur les bords des rivières.

Bientôt la fertilité du sol, long-tems inculte, récompensa leurs travaux par l'abondance; la population augmenta en raison du produit de la culture; les peuplades s'étendirent de manière que toutes les plaines de ce vaste pays étant en valeur, les cochinchinois ont été pressés de s'étendre sur celles de *Camboye*, qui étaient comme abandonnées. Je n'ai point vu de pays où les progrès de la population soient si sensibles qu'à la Cochinchine, ce qu'on peut attribuer non seule-

K

ment au climat et à l'abondance des terres, mais encore aux mœurs simples de la nation, à la vie sage et laborieuse des femmes, ainsi qu'à la multitude d'excellens poissons, qui, avec le riz, font la nourriture ordinaire du peuple.

Culture de différentes espèces de riz en Cochinchine.

Les cochinchinois cultivent six espèces de riz; *le petit riz*, dont le grain est menu, allongé et transparent; c'est celui qui est le plus délicat, et qu'on fait manger aux malades. Le *gros riz long*, est celui dont la forme est ronde. Le *riz rouge*, ainsi nommé parce que le grain est enveloppé d'une peau de couleur rougeâtre, si adhérente, que les opérations ordinaires ne peuvent l'en détacher. Ces trois sortes de grains sont ceux dont le peuple se nourrit, et qui font l'abondance. Ils demandent de l'eau, et les terres qui les portent, doivent être inondées.

Enfin, ils cultivent deux autres sortes de riz secs, c'est-à-dire, qui croissent dans les terres sèches, et qui ne demandent, comme notre froment, d'autre eau, que celle de la pluie. L'une de ces espèces a le grain blanc comme la neige; lorsqu'il est cuit, il est très-visqueux : on l'emploie à faire différentes pâtes, telles que le vermicelle. Ils sont l'un et l'autre un grand objet de commerce pour la Chine; on ne les cultive que sur les montagnes et les côteaux, après avoir donné à la terre une façon avec la bêche. On le sème, à la vérité, comme nous semons notre froment, vers la fin de décembre, ou dans les premiers jours de janvier, tems auquel finit la saison des pluies; il n'est pas tout-à-fait trois mois en terre, et il rapporte beaucoup.

Je suis fondé à croire que la culture de ce grain précieux, réussirait en France, s'il nous était apporté. En 1749 et 1750, je traversai plusieurs fois les montagnes de la Cochinchine, où ce riz se cultive; elles sont très-élevées, et la température de l'air y est froide. J'y observai, au mois de janvier 1750, que le riz était très-verd, et avait plus de trois pouces de hauteur, quoique la liqueur du thermomètre de M. *Réaumur* ne fût sur le lieu, qu'à quatre degrés au-dessus du point de la congélation.

J'emportai à notre Isle de France quelques quintaux de ce grain, qui fut semé avec succès, et rapporta plus que n'aurait fait aucune espèce du pays. Les colons reçurent mon présent avec d'autant plus d'empressement, que ce riz, qui est plus fécond et de meilleur goût, n'a pas besoin d'inondation, et qu'étant sur la terre quinze ou vingt jours de moins que les autres, il peut être cueilli et fermé avant la saison des ouragans qui emportent très-souvent les moissons des autres espèces de riz. Ceux-ci sont plus tardifs; ils demanderaient des inondations que le peu d'intelligence des cultivateurs n'a pas permis jusqu'à ce jour de leur donner.

Il y avait lieu d'espérer que l'avantage attaché à la culture du riz sec, engagerait les colons à le cultiver précieusement, et que de l'Isle de France il aurait pu facilement nous être apporté par la suite; mais j'ai tenté en vain d'en tirer de cette île; les colons à qui je me suis adressé, n'ont pu m'envoyer que du riz commun, qui demande de l'eau et de la chaleur. La culture du riz sec a été abandonnée, comme les autres, à la maladresse des esclaves, qui ont mêlé toutes les espèces de riz, de sorte que celui de Cochinchine, étant mûr beaucoup plutôt que les autres, son grain est tombé avant la moisson, et peu-à-peu l'espèce s'en est perdue dans l'île. Aujourd'hui, il faut retourner à la source pour en avoir. Un voyageur, que ses affaires conduiraient en Cochinchine, et qui enverrait directement quelques livres seulement de ce grain précieux, pour en faire des essais dans nos terres, mériterait certainement notre reconnaissance (1).

Les cochinchinois cultivent le riz ordinaire, à-peu-près de la même manière que les malabares de la côte de Coromandel. Après avoir donné avec la charue deux façons à leurs terres, ils sèment le riz dans un petit champ particulier, bien travaillé à la bêche; ils couvrent de quelques lignes d'eau la superficie de ce champ, et dès que le riz

---

(1) Cette idée méritait d'être mieux accueillie de l'ancien gouvernement qu'elle ne l'a été. Qu'il me soit permis d'insister encore sur une autre idée peut-être aussi utile que j'ai énoncée dans mes notes sur le *Voyage de Pallas,* celle d'acclimater les chameaux en France.

a cinq à six pouces de hauteur, ils passent la herse sur leurs grandes terres, puis ils les inondent; alors ils arrachent leur riz qui est en pépinière, et le transplantent dans de grandes terres par petits paquets de quatre à cinq brins, et à six pouces de distance les uns des autres. Ce sont ordinairement les femmes et les enfans qui font cette opération.

Leur charue ressemble à notre souchée, avec la différence que le soc en est plus long et plus large. Ils n'emploient que des buffles à leur labour. Ces animaux, dont l'espèce est tres-grande en Cochinchine, sont plus forts que les bœufs dans les pays chauds, et ils se tirent mieux des boues. On les atelle exactement comme des chevaux.

Les cochinchinois n'ont aucune machine pour inonder leurs champs, mais ils n'en ont pas besoin; leurs plaines sont dominées, d'un bout du royaume à l'autre, par une chaîne de hautes montagnes remplies de sources et de ruisseaux qui viennent naturellement inonder les terres, suivant que leur cours est dirigé.

Ils cultivent encore plusieurs sortes de

grains, tels que le maïs, des millets de différentes sortes, plusieurs espèces de phaséoles, des patates, des inhams, et diverses racines toutes propres à la nourriture de l'homme et des animaux. Mais la culture la plus importante pour eux après celle du riz, est la culture de la canne à sucre. Il n'est aucun pays en Asie si abondant en cette denrée, que le royaume de Cochinchine.

Canne à sucre.

On y cultive deux sortes de cannes; l'une qui croît très-grosse et très-haute, qui a les nœuds fort séparés les uns des autres, d'une couleur toujours verte, d'un suc très-abondant, mais peu chargé de sel. Cette espèce de canne est employée à nourrir et à engraisser les bestiaux.

Je remarquerai ici qu'il est d'expérience en Cochinchine, que de toutes les denrées comestibles, il n'en est aucune qui engraisse mieux et plus promptement les hommes et les animaux, que la canne mangée en verd, et le suc qu'on en tire.

L'autre espèce est plus mince, plus petite, a les nœuds plus serrés. Lorsqu'elle mûrit, elle prend une couleur jaune. Elle contient moins d'eau et plus de sel.

Lorsque les cochinchinois veulent cultiver la canne à sucre, ils commencent par remuer la terre à deux pieds de profondeur. Cette opération se fait avec la planche; puis ils plantent trois à trois des boutures de cannes dans un sens couché, à peu-près comme on plante la vigne dans plusieurs de nos provinces. Ces boutures sont enfoncées à environ dix-huit pouces en terre, plantées en échiquier, à six pieds environ de distance les uns des autres. On choisit, pour cette opération, la fin de la saison des pluies, afin que la bouture soit arrosée, jusqu'à ce qu'elle ait poussé des racines. Pendant les six premiers mois, on leur fait deux façons à la pioche pour serfouir les herbes, et récéper le pied des cannes, en y accumulant la terre des environs.

Douze, et quelquefois quatorze mois après la plantation, on fait la première récolte. Les cannes qui avaient été plantées à six pieds de distance, ont tellement tallé, qu'on ne peut plus entrer dans le champ que le fer à la main pour s'ouvrir un passage.

La canne coupée et liée en fagots, se transporte au moulin pour en exprimer le suc. Je ne décrirai point ici la forme de ces machines qui ressemblent beaucoup à celles de nos colonies de l'Amérique, dans lesquelles, au défaut d'eau, on emploie des bœufs ou des mulets, pour mettre en mouvement les deux cylindres, entre lesquels on fait passer les cannes à sucre. Ces artifices ont été décrits par plusieurs voyageurs.

Le suc de la canne étant exprimé, le cochinchinois le fait bouillir quelques heures dans de grandes chaudières, pour faire évaporer au moins une partie de son eau; puis il le transporte au marché le plus voisin pour le vendre en cet état. Ici finissent l'industrie et les profits du cultivateur cochinchinois. Des marchands achètent ce suc, qui ressemble encore à de l'eau pure; ils le font cuire de nouveau, et jettent dans les chaudières quelques matières alkalines, telles que la cendre des feuilles de musa ou bananier et de la chaux de coquillages (les cochinchinois n'en connaissent point d'autres); ces ingrédiens occasionnent dans les chaudières une écume considérable que le rafineur a soin d'enlever. L'action des alkalis hâte la séparation du sel d'avec l'eau; enfin à force d'ébulition, ils réduisent le suc de la canne en consistance de sirop. Dès que ce sirop commence à perler, on le décante dans un grand vaisseau de terre, où on le laisse se rafraîchir environ une heure. Bientôt le sirop laisse paraître à sa superficie une croûte encore molle et de couleur jaunâtre; alors on ne perd pas un moment pour la vider dans un vase conique, qu'on nomme *forme*. Sans l'opération intermédiaire du rafraîchissoir, le sirop se durcirait en masse, et n'étant pas grainé, manquerait d'une qualité essentielle au sucre.

Les formes de sucreries cochinchinoises sont, comme celles de nos colonies Américaines, de terre cuite, de la hauteur d'environ trois pieds, percées à leur extrémité aigue, et contiennent ordinairement quarante à cinquante livres de sucre. Ces formes remplies se placent sur des vases de terre, dont l'ouverture est proportionnée pour pouvoir y introduire la pointe de la forme; ils doivent être assez grands pour contenir le sirop grossier qui découle du sucre, au travers de quelques brins de paille, qui bouchent imparfaitement la petite ouverture de la forme.

Lorsqu'on juge que le sirop a pris la consistance du sel, dans toute la capacité du vase qui le contient, alors on le tire pour le blanchir et le purifier.

On délaye dans un baquet une terre fine, blanchâtre et argilleuse avec assez d'eau pour que cette boue ainsi préparée n'ait pas beaucoup de consistance ; puis, avec une truelle on en met l'épaisseur d'environ deux doigts sur le sucre, dans le vide que ce sel a laissé à l'ouverture de la forme en se condensant et en se purgeant de son sirop grossier; l'eau enveloppée de terre ne pénètre que peu-à-peu l'intérieur du sucre, le lave et entraîne insensiblement le sirop le plus adhérent avec toutes les parties étrangères au sel. Lorsque la terre s'est endurcie, on la remplace avec de la nouvelle terre délayée comme la première. Cette opération, qui dure environ douze à quinze jours, est la même en Cochinchine, que dans nos colonies d'Amérique; mais quelques raffineurs cochinchinois ont une autre méthode.

Au lieu de terre délayée, ils coupent en petits morceaux le tronc d'un musa ou bapanier, et rangent ces morceaux sur le sucre. Le tronc du musa est très-aqueux; son eau a une qualité détersive; elle n'échappe des fibres qui l'enveloppent, que par de très-petites gouttes. Ceux qui suivent cette méthode prétendent que leur opération est moins longue, et que le sucre blanchit mieux.

Les cochinchinois ne donnent point d'autres préparations à leur sucre; ils ne connaissent pas l'usage des étuves qui paraissent nécessaires dans les raffineries de l'Amérique. Après l'avoir terré suffisamment, ils le vendent dans les marchés publics, sur-tout aux chinois et aux autres étrangers qui viennent dans leur port, attirés par la modicité du prix de cette denrée, qui ne se trouve nulle part à si bon marché qu'en Cochinchine.

Le sucre blanc de première qualité se vend ordinairement dans le port de *Faïfo*, en échange d'autres marchandises, à raison de trois piastres ou quinze livres de notre monnaie le quintal cochinchinois, qui équivaut à cent cinquante de nos livres, poids de marc. Le commerce de cette denrée est immense. La Chine seule, dont les terres n'en produisent pas assez pour sa consommation, en tire de Cochinchine plus de quarante mille tonneaux toutes les années : on sait que le tonneau de mer est de deux milliers.

Il faut remarquer que la Cochinchine, qui produit cette denrée en si grande abondance et à si bas prix, étant un royaume nouveau, doit être regardée en quelque manière comme une colonie; que la canne à sucre y est cultivée par des hommes libres; que tous les travaux de la cuite et de la raffinerie sont exécutés par des mains libres. Comparons ensuite le prix de la denrée cochinchinoise, avec celui de la même denrée cultivée et préparée par de malheureux esclaves dans les colonies européennes, et jugeons si, pour tirer du sucre de nos possessions, il était nécessaire d'autoriser, par une loi, l'esclavage des africains transportés en Amérique.

Après ce que j'ai vu en Cochinchine, je ne puis douter que des cultivateurs libres, à qui on aurait partagé sans réserve les terres de l'Amérique, ne leur eussent fait rapporter le double du produit que tirent les esclaves.

Qu'a donc gagné l'Europe policée, l'Europe si éclairée sur les droits de l'humanité, en autorisant, par ses décrets, les outrages journaliers faits à la nature humaine dans nos colonies, en permettant d'y avilir les hommes au point de les regarder absolument comme des bêtes de charge (1)? La loi de l'esclavage a été aussi contraire à ses intérêts, qu'à la loi naturelle et à son honneur : je l'ai remarqué plusieurs fois.

La liberté et la propriété sont les fonde-

---

(1) Ces observations aussi justes que philantropiques, démentent un peu les impudentes assertions des avides colons, qui prétendent que leurs terres ne peuvent être fertilisées que par les larmes et le sang de leurs malheureux nègres. L'apologiste de ce système atroce, le lieutenant *Matthews*, auteur d'un *voyage à Sierra-Leone*, a trouvé un antagoniste plein de courage, de raison et d'humanité, dans l'estimable *Wastrom* qui a composé exprès, en faveur des esclaves noirs, un excellent ouvrage en anglais, intitulé *Essay on the colonization*. Je citerai aussi le traducteur même de *Matthews*, qui, en prêtant à son original les grâces du style, n'a jamais laissé d'assertions dangereuses sans une réfutation à-la-fois éloquente et victorieuse. Par le moyen de cette sage précaution, le citoyen Bélart nous a procuré la lecture d'un ouvrage utile, agréable, et auquel ses notes donnent un nouveau prix.

mens de l'abondance et de la bonne agriculture ; je ne l'ai vue florissante que dans les pays où ces deux droits de l'homme étaient bien établis. La terre qui multiplie ses dons avec une espèce de prodigalité sous des cultivateurs libres, semble se dessécher, même par la sueur des esclaves. Ainsi l'a voulu l'auteur de la nature qui a créé l'homme libre, et qui lui a abandonné la terre avec ordre que chacun cultivât sa possession à la sueur de son front, mais avec liberté.

Les cochinchinois suivent plusieurs autres cultures très-importantes, soit pour leurs fabriques intérieures, soit pour leur commerce au dehors.

Ils cultivent le cotonnier, le mûrier, le poivrier, l'arbre de vernis, l'arecquier, le thé, l'indigo, le *saffranum*, et, ce qui leur est particulier, une plante qu'ils nomment *tsai*, qui étant mise en fermentation comme celle de l'indigo, fournit abondamment une fleur de couleur verte, qui seule donne en teinture un verd d'émeraude très-solide.

Cette plante serait un présent bien essentiel à faire à nos colonies d'Amérique. Je serais trop long, si j'entreprenais de décrire ici les procédés de toutes ces différentes cultures. Ils feront la matière de quelques autres mémoires.

En général, les cochinchinois possèdent d'excellentes terres, et ils les cultivent bien. Leurs montagnes sont presque toutes en friche, parce que la population n'est pas même assez considérable, pour mettre en valeur toutes les plaines qu'ils ont prises sur le Camboye. Ils tirent néanmoins de ces montagnes le bois d'aigle ou d'aloës, qui est le parfum le plus précieux qu'il y ait sur la terre; le bois de sapan, qui est le même que celui de Brésil, et la canelle en petite quantité, mais bien supérieure en qualité à celle de l'île de Ceylan.

Les chinois la payent trois et quatre fois plus que celle qui leur est apportée de cette île par les hollandais. Ils tirent des bois admirables pour la menuiserie, tel que le bois de rose; d'excellens pour la construction, tel que le thé (1), qui est préféré pour construire les

---

(1) Que les anglais nomment *thec*, et qui croît très-abondamment au Pégou. Voyez la *description de ce royaume, traduction de l'anglais de W. Hunter.*

galères

galères royales, qui sont toujours au nombre de cent, et dans lesquelles on n'a rien à desirer tant pour la coupe, que pour la solidité et la magnificence. Enfin, ils tirent des forêts et des montagnes qu'elles couvrent, l'ivoire, le musc, la cire, le fer et l'or en très-grande abondance.

Ces mêmes montagnes sont pleines de gibier, tels que cerfs, gaselles, chèvres sauvages, paons, faisans, etc. La chasse est libre, mais dangereuse à cause de la quantité de tigres, d'éléphans, de rhinocéros et d'autres animaux carnassiers ou malfaisans, dont les forêts sont pleines.

La mer qui baigne leurs côtes, abonde en excellens poissons, ainsi que leurs rivières. La pêche est libre, et les cochinchinois s'y adonnent beaucoup. J'ai déja dit que le poisson était, avec le riz, la principale nourriture du peuple.

Les animaux domestiques qu'ils élèvent, sont : le cheval pour les voyages, le buffle pour les labours, le bœuf, le cochon, la chèvre, des poules d'une très-grande espèce, des oies et des canards pour leur nourriture. Tous ces animaux réussissent très-bien, et s'y trouvent en abondance. Le roi s'est réservé à lui seul le droit de nourrir des éléphans pour la guerre, et c'est un droit qui n'est pas à envier. Il en entretient ordinairement quatre cents, qui lui coûtent plus que ne feraient quatre mille soldats. Les cochinchinois ont peu de bons fruits ; l'ananas et les orangers de différentes sortes, sont les meilleurs de leur pays. Ils ne cultivent pas la vigne, quoiqu'elle soit une production naturelle de leurs terres. Ils ne sont pas riches en légumes, de sorte que leurs vergers et leurs jardins sont très-peu de chose. Ils se sont attachés jusqu'à ce jour aux cultures essentielles.

Quoique l'agriculture de la cochinchine ne soit pas encore parvenue au degré de perfection où elle pourrait être poussée dans d'aussi excellentes terres, les mœurs de la nation lui sont très-favorables, et on doit convenir qu'elle est florissante. Le peuple cochinchinois est doux, hospitalier, frugal, laborieux. On ne voit aucun mendiant dans le pays ; on n'y entend parler ni de vols, ni de meurtres.

Un étranger peut parcourir le royaume du

nord au sud, excepté la capitale, sans craindre d'être insulté. Il sera reçu par-tout avec une curiosité importune, mais avec bonté. J'ai vu chez cette nation un usage singulier, et qui prouve bien la bonté de son caractère. Un cochinchinois qui voyage, et qui n'a pas de quoi payer sa nourriture dans les auberges, entre dans la première maison de la peuplade où il se trouve; personne ne lui demande ce qu'il veut; il ne dit rien à personne; il attend en silence l'heure du repas. Dès que le riz est servi, il s'approche, se met à table avec les gens de la maison, mange, boit et s'en va, sans que personne lui ait fait aucune question, ni sans qu'il ait dit une seule parole. On a vu que c'était un homme, et par conséquent un frère qui pouvait être dans le besoin, on l'a reçu sans autre information.

Les six premiers rois, fondateurs de la monarchie, gouvernèrent la nation comme un père gouverne sa famille; ils établirent l'empire de la seule loi naturelle, en lui obéissant les premiers. Chefs d'une grande famille de laboureurs, ils donnèrent l'exemple du labourage; ils honorèrent et protégèrent l'agriculture, comme le travail le plus utile et le plus digne de l'homme. Ils ne demandèrent jamais à leurs sujets qu'une seule offrande annuelle, pour fournir aux frais de leur défense contre les tonquinois leurs ennemis.

Cette imposition unique était répartie avec équité sur les têtes. Chaque homme en état de travailler la terre, payait au magistrat pour le prince, une somme modique, proportionnée à la constitution de son corps, à la force de ses bras, et rien de plus. C'est sous leur règne que la nation s'est si fort multipliée à l'aide de l'abondance, fournie par la culture des terres. Tant qu'ils vécurent, les clauses du contrat passé sur les rives du fleuve qui sépare le tonquin de la Cochinchine, entre les chefs de leur famille, et le parti qui l'accompagnait dans sa retraite, furent religieusement observées. C'est à cette fidélité réciproque que la Cochinchine doit l'état florissant de sa population, de son agriculture, et sa puissance. Leur successeur qui règne aujourd'hui, a hérité de la bonté de leur cœur; mais il a la faiblesse de se laisser maîtriser par ceux qui se disent ses esclaves.

Ces malheureux ont eu l'art de séparer l'intérêt du prince de celui de ses sujets. Ils lui ont inspiré la soif des richesses particulières. L'or abondant tiré des mines sous son règne a commencé par faire négliger l'agriculture. Bientôt introduit dans le palais, il a été suivi de la corruption et du luxe qui en est la preuve.

Le prince a été insensiblement amené à mépriser les habitations simples de ses ancêtres. Il lui a fallu un palais d'une lieue de circonférence, enfermé par une muraille de briques, et bâti sur le modèle de celui de Pékin. Seize cents pièces de canon, qui entourent ce palais, annoncent au peuple la perte prochaine de ses droits et de sa liberté.

Il a fallu palais d'hiver, palais d'été et palais d'automne. Pour fournir à tant de dépenses, l'ancienne imposition n'a pas suffi; on l'a augmentée; on en a imaginé de nouvelles, qui, n'étant plus des offrandes volontaires, ne peuvent être levées que par la force, et avec tout l'attirail de la tyrannie. Les courtisans, intéressés à la corruption du chef, lui ont donné le titre de roi du ciel, *vou Tloi*; à force de se l'entendre donner, il a cru pouvoir le prendre.

Pourquoi, me dit-il lui-même, un jour, *ne viens-tu pas plus souvent faire ta cour au roi du ciel ?*

Ces hommes adroits qui assiégent toutes les portes du palais, ont eu l'habileté de se soustraire à la justice ordinaire des magistrats, et ils profitent de cette exemption pour aller dans les provinces vexer et piller les laboureurs.

J'ai vu, le long des grands chemins, des villages entiers nouvellement abandonnés de leurs habitans opprimés par des corvées continuelles; les terres des environs retombaient en friche. Au milieu de ce désordre naissant, le prince, dont le cœur a été surpris, et qui ignore seul les indignités de ceux qui l'environnent, conserve encore du respect pour les anciennes mœurs; il ne donne plus, comme ses ayeux, l'exemple du labourage, mais son intention est de protéger l'agriculture.

Je l'ai vu, à la nouvelle année, présider, avec la simplicité de ses ancêtres, à l'assemblée générale de la nation, qui se tient annuellement ce jour-là en plein champ, pour y renouveller le serment réciproque de l'observation du contrat primordial qui l'a établi le père de son peuple, en lui donnant un seul droit, mais le plus beau de tous, celui de rendre sa nation heureuse.

Lorsqu'il parle de ses sujets, il ne les appelle encore que ses enfans. Je l'ai vu assister, comme un simple particulier, à l'assemblée annuelle de sa famille, suivant l'ancien usage de la nation assemblée, à laquelle préside toujours le plus ancien, sans égard aux dignités de ceux qui ont moins d'âge; mais il m'a paru qu'il n'y avait dans cette pratique que de la formalité. On conçoit aisément que là où le roi du ciel se présente, les hommes ne sont rien.

Il est vrai que la corruption n'a pas généralement gagné le peuple qui conserve ses mœurs. Elle est encore renfermée dans le palais et dans la capitale; mais la source est trop élevée pour que ses eaux empoisonnées ne coulent pas dans les plaines. C'est toujours par les chefs que commence la corruption d'un peuple.

Lorsqu'elle aura gagné tous les états; lorsque les fondemens de l'agriculture, la liberté et la propriété, déjà attaquées par les grands, auront été renversées; lorsque la profession de laboureur sera devenue par degrés la plus méprisée et la moins lucrative, que deviendra alors l'agriculture? Sans une agriculture florissante, que deviendra tout ce peuple multiplié sous son ombre? Que deviendront et le prince et les sujets?

Ils deviendront ce qu'est devenue la nation qui a possédé le pays avant eux, et même avant les sauvages qui le cédèrent aux cochinchinois; il ne reste de cette nation que les ruines d'une muraille immense qu'on trouve auprès de la capitale, et qui paraît avoir été l'enceinte d'une grande ville. Aucune histoire, aucune tradition n'a conservé la mémoire du peuple qui bâtit autrefois cette muraille avec des briques, d'une forme telle qu'il ne s'en voit pas dans le reste de l'Asie. A voir la corruption qui menace les mœurs des cochinchinois, on doit présumer que leur agriculture diminuera, au lieu d'augmenter, quelques efforts qu'ils puissent faire pour la soutenir.

Chine.

Je m'approche du terme de mes voyages. En quittant les côtes de la Cochinchine, en faisant voile au nord-est, la route me conduit en Chine, que les cochinchinois ses voisins nomment avec respect le *royaume de la grande lumière, Nuse dai Ming*. Après quelques jours de navigation, je ne découvre encore aucune terre, et j'apperçois à l'horizon une forêt de mâts; une multitude innombrable de bateaux couvre la mer. Ce sont des milliers de pêcheurs qui cherchent dans les eaux la nourriture d'un grand peuple (1). Je découvre enfin les terres, et j'avance jusqu'à l'embouchure du Tigre, toujours au milieu des pêcheurs qui jettent leurs filets de toutes parts. J'entre dans la rivière de Canton; elle est peuplée comme la terre. Ses deux rives sont bordées de bâtimens à l'ancre; une quantité prodigieuse de bâteaux la parcoure dans tous les sens à la rame et à la voile, et s'é-

---

(1) Fernand Mendèz Pinto, dont on a long-tems suspecté la véracité, ou qu'on a cru au moins plus menteur que les autres voyageurs de son tems, donne une description véritablement pittoresque de ces villes flottantes,

chappe aux yeux, en entrant dans des canaux creusés de main d'hommes, au travers des campagnes, à perte de vue, que ces canaux arrosent et fertilisent. Des champs immenses, couverts de riches moissons, au milieu desquels s'élèvent de tous côtés des villages très-bien bâtis, ornent le fond du tableau. Des montagnes coupées en terrasses, et taillées en amphithéâtres en forment le lointain.

J'arrive à Canton; nouveau spectacle : le bruit, le mouvement, la foule augmentent : la terre et les eaux, tout est couvert d'hommes. Étonné d'une si grande multitude, je m'informe du nombre des habitans de Canton et de ses fauxbourgs; d'après les différens rapports, je juge que cette ville ne contient pas moins de huit cents mille ames. Ma surprise augmente, en apprenant qu'à cinq lieues au nord de Canton, on trouve en remontant la rivière, un village nommé *Fachan*, qui contient un million d'habitans, et que tout ce vaste empire, qui a environ six cents lieues du nord au sud, et autant de l'est à l'ouest, est couvert d'un peuple innombrable.

Par quel art la terre peut-elle fournir la

subsistance à une si nombreuse population? Les chinois possèdent-ils quelque secret pour multiplier les grains et les denrées qui nourrisent l'homme ? Pour me tirer de mon incertitude ; je parcours les campagnes, je m'introduis chez les laboureurs, qui, en général, sont aisés, polis, affables, communément un peu lettrés et instruits des usages, comme les habitans des villes. J'examine, je suis leurs opérations, et je vois que tout leur secret consiste à bien amender leur terre, à la remuer profondément dans des tems convenables, à l'ensemencer à propos, à mettre en valeur toute terre qui peut rapporter quelque chose, et à préférer à toute autre culture, celle des grains qui sont de première nécessité.

Ce système d'agriculture, au dernier article près, paraît être le même que celui qui est répandu dans tous nos ouvrages anciens et modernes qui ont traité cette matière; il est connu de nos plus simples laboureurs; mais ce qui étonnera l'agriculteur européen le plus habile, sera d'apprendre que les chinois n'ont aucune prairie, ni naturelle, ni artificielle, et qu'ils ne connaissent pas les jachères, c'est-à-dire, qu'ils ne laissent jamais reposer leurs terres.

Les laboureurs chinois regarderaient une prairie quelconque comme une terre en friche. Ils mettent tout en grain, et par préférence les terres qui, comme celles que nous sacrifions en prairies, sont plus basses, et par conséquent plus fertiles, et peuvent être arrosées. Ils prétendent qu'une mesure de terre ensemencée en grains rendra autant de paille pour nourrir les animaux, qu'elle aurait rendu de foin, et que par leur méthode on gagne tout le produit en grains pour nourrir des hommes, sauf à partager avec les animaux une petite partie de ce grain, s'il s'en trouve du superflu. Voilà leur système suivi d'un bout de l'empire à l'autre, depuis l'origine de la monarchie, confirmée par l'expérience de plus de quarante siècles, chez la nation du monde la plus attentive à ses intérêts.

Ce qui rend ce plan d'agriculture plus inconcevable, c'est de voir que leurs terres ne se reposent jamais. Les citoyens zélés qui travaillent depuis quelques années à ranimer parmi nous cet art si négligé, ont regardé comme le premier et le meilleur de tous les moyens, la multiplication des prairies artificielles au défaut des naturelles, pour pouvoir fournir aux engrais, sans oser néanmoins en espérer la suppression des jachères, à quelque point que fût jamais portée la multiplication des prairies.

Ce système qui paraît le plus plausible de ceux qu'ils ont imaginés, celui qui semble avoir été le mieux reçu de nos agriculteurs, est néanmoins contredit par l'expérience constante de la plus grande, de la plus ancienne nation agricole qu'il y ait sur la terre, qui regarde l'usage des prairies et des jachères comme un abus nuisible à l'abondance et à la population, qui sont après tout l'unique objet de l'agriculture.

Un laboureur chinois ne pourrait s'empêcher de rire, si on lui disait que la terre a besoin de repos à certain terme fixe; il dirait certainement que nous sommes loin du but, s'il pouvait lire nos traités anciens et modernes, nos spéculations merveilleuses sur l'agriculture. Et que ne dirait-il pas, s'il voyait nos landes, une partie de nos terres en friche, une autre employée en cultures inutiles, le reste mal travaillé; si, parcourant nos campagnes, il voyait la misère extrême, et la barbarie de ceux qui les cultivent? Les terres chinoises, en général, ne sont pas de meilleure qualité que les nôtres; on en voit, comme chez nous, de bonnes, de médiocres et de mauvaises; des terres fortes et de légères, des terres argilleuses, et des terres où le sable, les pierres et les cailloux dominent.

Toutes ces terres rapportent annuellement, même dans les provinces du nord une et deux fois l'année; quelques-unes même cinq fois en deux années, dans les provinces méridionales, sans jamais se reposer depuis plusieurs milliers d'années qu'elles sont mises en valeur.

Les chinois employent les mêmes engrais que nous, pour rendre à leurs terres les sels et les sucs qu'une production continuelle leur enlève sans cesse. Ils connaissent les marnes; ils se servent du sel commun, de la chaux, des cendres, du fumier de tous les animaux quelconques, et préférablement à tout autre, de celui que nous jettons dans nos rivières; ils se servent des urines qui sont ménagées avec soin dans toutes les maisons, dont elles font un revenu; en un mot, tout ce qui est sorti de la terre y est rapporté avec la plus grande exactitude, sous quelque forme que la nature ou l'art l'ait converti.

Lorsque les engrais leur manquent, ils y suppléent pour le moment par un profond labour à la bêche, qui amène à la superficie du champ une terre nouvelle chargée des sucs de celle qui descend à sa place.

Sans prairies, ils élèvent la quantité de chevaux, de buffles, de bœufs et autres animaux de toute espèce, nécessaires à leur labour, à leur subsistance et aux engrais. Ces animaux sont nourris, les uns de paille, les autres de racines, de fèves et des grains de toute espèce. Il est vrai qu'ils ont moins de chevaux et moins de bœufs en proportion que nous, et ils n'en ont pas besoin.

Tout le pays est occupé de canaux creusés par les hommes, et tirés d'une rivière à une autre, qui partagent et arrosent ce vaste empire, comme un jardin, dans toutes ses parties. Les voyages et les transports, presque toutes les voitures se font par les canaux avec plus de facilité et moins de frais. Ils ne sont pas même dans l'usage de faire tirer leurs bateaux par des chevaux, ils ne se servent que de la voile, et sur-tout de la rame, qu'ils font valoir avec un art singulier, même pour remonter les rivières. Dans tout ce que les hommes peuvent faire à un prix modique, on n'emploie pas d'animaux.

En conséquence, les rivages des canaux et des fleuves sont cultivés jusqu'au bord de l'eau; on ne perd pas un pouce de terre. Les chemins publics ressemblent à nos sentiers; des canaux sans doute valent mieux que des grands chemins. Ils portent la fertilité dans les terres, ils fournissent au peuple la plus grande partie de sa subsistance en poisson. Il n'y a aucune comparaison entre le fardeau que porte un bateau, et celui qu'on peut charger sur une voiture par terre : nulle proportion dans les dépenses.

Les chinois connaissent encore moins l'usage, ou plutôt le luxe des carrosses et des équipages de toute espèce que nous voyons dans les principales villes de l'Europe. Tous ces chevaux rassemblés par milliers dans nos capitales, y consomment presqu'en pure perte le produit de plusieurs milliers d'arpens de nos meilleures terres, qui étant cultivées en grains, fourniraient la subsistance à une

grande

grande multitude qui meurt de faim. Les chinois aiment mieux nourrir des hommes que des chevaux.

L'empereur et les magistrats sont portés dans les villes avec sûreté et dignité par des hommes; leur marche est tranquille et noble; elle ne nuit pas aux hommes de pied. Ils voyagent dans des espèces de galères plus commodes, plus sûres, aussi magnifiques, et moins dispendieuses que nos équipages de terre.

J'ai dit que les chinois ne perdaient pas un pouce de terre; ils sont donc bien éloignés de former des parcs immenses dans d'excellentes terres, pour y nourrir exclusivement et au mépris de l'humanité, des bêtes fauves. Les empereurs, même les tartares, n'ont jamais formé de ces parcs, encore moins les grands seigneurs, c'est-à-dire, les magistrats, les lettrés : une idée semblable ne saurait jamais tomber dans l'esprit d'un chinois. Leurs maisons de campagne et de plaisance même, ne présentent par-tout que des cultures utiles, agréablement diversifiées. Ce qui en fait le principal agrément, est une situation riante, habilement ménagée,

M

où règne dans l'ordonnance de toutes les parties qui forment l'ensemble, une imitation heureuse du beau désordre, du désordre le plus agréable de la nature dont l'art a emprunté tous les traits.

Les côteaux les plus pierreux, que les cultivateurs de l'Europe mettraient en vignoble, sont forcés par le travail à rapporter du grain. Les chinois connaissent la vigne, dont ils cultivent quelques treilles; mais ils regardent comme un luxe et une superfluité le vin qu'elle produit : ils croiraient pécher contre l'humanité de chercher à se procurer, par la culture, une liqueur agréable, tandis que faute du grain qu'aurait produit le terrain mis en vignoble, quelque homme du peuple courrait risque de mourir, de faim.

Les montagnes même les plus escarpées sont rendues praticables; on les voit à Canton, et d'une extrémité de l'empire à l'autre, toutes coupées en terrasses, représentant de loin des pyramides immenses divisées en plusieurs étages, qui semblent s'élever au ciel. Chacune de ces terrasses porte annuellement sa moisson de quelque espèce de grain, souvent même du riz; et ce qu'il y a d'amirable, c'est de voir l'eau de la rivière, du canal ou de la fontaine qui coule au pied de la montagne, élevée de terrasse en terrasse jusqu'à son sommet par le moyen d'un chapelet portatif que deux hommes seuls transportent et font mouvoir.

La mer elle-même, qui semble menacer la masse solide du globe qu'elle environne, a été forcée par le travail et l'industrie à céder une partie de son lit aux cultivateurs chinois.

Les deux plus belles provinces de l'empire, celle de *Nankin* et de *Tché-kiang*, autrefois couvertes par les eaux, ont été réunies au continent, il y a quelques milliers d'années, avec un art bien supérieur à celui qu'on admire dans les ouvrages modernes de la Hollande.

Les chinois ont eu à lutter contre une mer dont le mouvement naturel d'orient en occident, la porte sans cesse contre les côtes de ces deux provinces, tandis que la Hollande n'a eu à combattre qu'une mer, qui, par ce même mouvement naturel, fuit toujours sensiblement ses côtes occidentales.

La nation chinoise est capable des plus grands travaux; je n'en ai pas vu de plus laborieuse dans le monde. Tous les jours de l'année sont des jours de travail, excepté le premier, destiné à se visiter réciproquement, et le dernier, consacré à la cérémonie des devoirs qui se rendent aux ancêtres.

Un homme oisif serait souverainement méprisé; il serait regardé comme un membre paralytique, à charge au corps dont il fait partie. Le gouvernement du pays ne le souffrirait pas; bien différent en cela des autres nations asiatiques, où l'on n'estime guère ceux dont l'état est de ne rien faire. Un ancien empereur chinois exhortant le peuple au travail, dans une instruction publique, l'avertit que s'il y a dans un coin de l'empire un homme qui ne fasse rien, il doit y en avoir ailleurs un autre qui souffre et qui manque du nécessaire. Cette maxime sage est dans l'esprit de tous les chinois; et pour ce peuple docile à la raison, qui dit une maxime de sagesse, dit une loi.

Voilà une légère esquisse du tableau général de l'agriculture des chinois, et de leurs dispositions pour cet art. Je ne m'étendrai pas sur le détail des différentes cultures que j'ai vues dans le pays. J'observerai seulement que ces cultures sont telles, qu'elles fournissent abondamment à tous les besoins, et même à l'aisance de la plus grande population qu'il y ait au monde; de sorte qu'avec ses laboureurs, la Chine se suffit à elle-même, et peut, de son superflu, faire un grand commerce au-dehors.

D'après cette observation, on peut juger qu'il n'est point de contrée sur la terre où l'agriculture soit plus florissante qu'en Chine, mais ce n'est ni aux procédés particuliers que suivent ses cultivateurs, ni la forme de leur charue et de leur semoir, qu'elle doit cet état florissant de sa culture, et l'abondance qui en est la suite (1).

Elle la doit à son gouvernement, dont les fondemens profonds et inébranlables furent posés par la raison seule, en même-tems

---

(1) L'agriculture des chinois a la plus grande ressemblance avec celle des japonais, pour tout, les détails et les procédés; et si la dernière contrée, proportion gardée, n'est pas aussi peuplée que l'autre, il faut accuser le gouvernement qui est plus despotique au Japon qu'à la Chine.

que ceux du monde; à ses lois dictées par la nature aux premiers hommes, et conservées précieusement de génération en génération, depuis le premier âge de l'humanité, dans tous les cœurs réunis d'un peuple innombrables, plutôt que dans des codes obscurs, dictés par des hommes fourbes et trompeurs.

Enfin, la Chine doit la prospérité de son agriculture à ses mœurs simples, comme à ses lois, également avouées par la nature et par la raison.

L'empire fut fondé par des laboureurs, dans ces tems heureux où le souvenir des lois du créateur n'étant pas encore perdu, la culture des terres était le travail le plus noble, le plus digne des hommes, et l'occupation de tous. Depuis *Fouhi*, qui fut le premier chef de la nation, quelques centaines d'années après le déluge, si l'on suit la version des septante, et qui, en cette qualité, présidait au labourage, tous les empereurs, sans exception jusqu'à ce jour, se sont fait gloire d'être les premiers laboureurs de leur empire (1).

---

(1) *Fou ti*, *Foé* ou *Fo* est probablement un législateur idéal, ou au moins un personnage dont le nom a été étrangement altéré. Ses idendités avec les principaux législateurs de l'Asie orientale et sep-

L'histoire chinoise a conservé précieusement le trait de générosité de deux anciens empereurs qui, ne voyant point parmi leurs enfans d'héritiers dignes d'un trône, sur lequel la vertu seule a le droit de s'asseoir, nommèrent de simples laboureurs pour y monter après eux. Ces laboureurs firent le bonheur du monde pendant de très-longs règnes, suivant les livres chinois ; et leur mémoire est dans la plus grande vénération. On sent combien des exemples semblables honorent et animent l'agriculture.

La nation chinoise a toujours été gouvernée comme une famille dont l'empereur est le père. Les sujets sont ses enfans, sans autre inégalité que celle qu'établissent le mérite et les talens. Ces distinctions puériles de noblesse et de roture, d'*homme de naissance,* et d'*homme de rien*, que les lois malaises autorisent, ne se trouvent que dans le jargon des peuples nouveaux et encore barbares, qui, ayant oublié l'origine commune, insultent sans y penser, et avilissent toute l'espèce humaine. Ceux dont le gouvernement est

---

tentrionale, ont été indiquées dans une des *notes du rédacteur du voyage de Tunberg.*

ancien, et remonte jusqu'au premier âge du monde, savent que les hommes naissent tous égaux, tous frères, tous nobles. Leur langue n'a pas même de terme pour exprimer cette prétendue distinction des naissances. Les chinois, qui ont conservé leurs annales depuis les tems les plus reculés, et qui sont tous également les enfans de l'empereur, n'ont jamais pu soupçonner une inégalité d'origine entre eux.

De ce principe, que l'empereur est le père, et les sujets ses enfans, naissent tous les devoirs de la société, tous ceux de la morale, toutes les vertus humaines, la réunion de toutes les volontés pour le bien commun de la famille, par conséquent l'amour du travail, et sur-tout de l'agriculture.

Cet art est honoré, protégé, pratiqué par les empereurs, par les grands magistrats, qui sont la plupart des fils de simples laboureurs, élevés suivant l'usage constant, par leur seul mérite, aux premières dignités de l'empire, enfin par toute la nation, qui a le bon sens d'honorer l'art le plus utile, celui qui nourrit les hommes, préférablement aux arts de moindre nécessité.

Cérémonie de l'ouverture des terres.

Chaque année, le quinzième jour de la première lune, qui répond ordinairement aux premiers jours de mars, l'empereur fait en personne la cérémonie de l'ouverture des terres. Le prince se transporte en grande pompe au champ destiné à la cérémonie. Les princes de la famille impériale, les présidens des cinq grands tribunaux, et un nombre infini de mandarins, l'accompagnent. Deux côtés du champ sont bordés par les officiers et les gardes de l'empereur; le troisième est réservé à tous les laboureurs de la province, qui accourent pour voir leur art honoré et pratiqué par le chef de l'empire. Les mandarins occupent le quatrième.

L'empereur entre seul dans le champ, se prosterne et frappe neuf fois la tête contre terre pour adorer le *Tien*, c'est-à-dire, le Dieu du ciel. Il prononce à haute voix une prière réglée par le tribunal des rites, pour invoquer la bénédiction du grand maître sur son travail et sur celui de tout son peuple qui est sa famille. Ensuite, en qualité de premier pontife de l'empire, il immole un bœuf qu'il offre au ciel, comme au maître de tous les biens. Pendant qu'on met la victime en pièces, et qu'on la place sur un autel, on amène à l'empereur une charue attelée d'une paire de bœufs magnifiquement ornés. Le prince quitte ses habits impériaux, saisit le manche de la charue, et ouvre plusieurs sillons dans toute l'étendue du champ; puis d'un air aisé, il remet la charue aux principaux mandarins qui labourent successivement, se piquant les uns et les autres de faire ce travail honorable avec plus de dextérité. La cérémonie finit par distribuer de l'argent et des pièces d'étoffes aux laboureurs qui sont présens, et dont les plus agiles exécutent le reste du labourage avec adresse et promptitude en présence de l'empereur.

Quelque tems après qu'on a donné à la terre tous les labours et les engrais nécessaires, l'empereur vient de nouveau commencer la semaille de son champ, toujours avec cérémonie et en présence des laboureurs.

La même cérémonie se pratique le même jour dans toutes les provinces de l'empire par les vice-rois, assisté de tous les magistrats de leur département, et toujours en présence d'un grand nombre de laboureurs de la province. J'ai vu cette ouverture des terres à Canton, et je ne me rappelle pas avoir jamais vu aucune des cérémonies inventées par les hommes, avec autant de plaisir et de satisfaction que j'en ai eu à considérer celle-là.

Encouragement de l'agriculture.

L'agriculture chinoise a bien d'autres encouragemens. Chaque année, les vice-rois de chaque province envoient à la cour les noms des laboureurs de bonnes mœurs, qui se sont le plus distingués dans leur culture, soit en défrichant et faisant valoir des terrains regardés comme stériles, soit en faisant rapporter davantage, par une meilleure culture, un terrain anciennement mis en valeur.

Tous ces noms sont présentés à l'empereur, qui accorde aux cultivateurs nommés, des titres honorables pour les distinguer du commun. Si un laboureur a fait quelque découverte assez importante, et qui puisse influer sur l'amélioration de l'agriculture publique, ou si, par quelque endroit, il mérite des égards plus distingués que les autres, l'empereur l'appelle à Pékin, le fait voyager aux frais de l'empire et avec dignité, le reçoit dans son palais, l'interroge sur ses talens, sur son âge, sur le nombre de ses enfans, sur l'étendue et la qualité de ses terres, l'accable de bontés, et le renvoie à sa culture avec un titre honorable, et comblé de ses bienfaits.

Lequel est le plus heureux, ou du prince qui se conduit ainsi, ou de la nation qui est ainsi gouvernée?

Chez un peuple où tous sont égaux, et où tous aspirent après les distinctions, d'autant plus honorables, que le mérite seul les procure, de tels encouragemens doivent bien inspirer l'amour du travail et l'émulation pour la culture des terres.

Attention du gouvernement chinois.

En général, toute l'attention du gouvernement chinois est dirigée vers l'agriculture. Le soin principal d'un père de famille doit être de penser à la subsistance de ses enfans. Ainsi l'état des campagnes est le grand objet des travaux, des veilles et des sollicitudes des magistrats. On conçoit facilement qu'avec de telles dispositions, le gouvernement n'a pas négligé d'assurer aux cultivateurs la liberté, la propriété et l'aisance, qui sont les seuls fondemens d'une bonne agriculture.

Les chinois jouissent librement de leurs possessions particulières et des biens, qui, ne pouvant être partagés par leur nature, appartiennent à tous, tels que la mer, les fleuves, les canaux, le poisson qu'ils contiennent, et toutes les bêtes sauvages. Ainsi la navigation, la pêche et la chasse sont libres. Celui qui achète un champ, ou qui le reçoit en héritage de ses pères, en est seul seigneur et maître.

Les terres sont libres comme les hommes, par conséquent point de services et partages, point de lods et ventes, point de ces hommes intéressés à desirer de malheur public, de ces fermiers de services, qui ne s'enrichissent jamais plus que lorsqu'un défaut de récolte a ruiné les campagnes, et réduit le malheureux laboureur à mourir de faim, après avoir sué toute l'année pour nourrir ses frères; point de ces hommes dont la profession destructive a été enfantée dans le délire des loix féodales, sous les pas desquelles naissent des milliers de procès qui arrachent le cultivateur de sa charue, pour l'envoyer dans les retraites obscures et dangereuses de la chicane, défendre ses droits, et perdre un tems précieux pour la nourriture des hommes.

Les impôts établis à la Chine sont invariables.

Enfin, il n'y a point d'autre seigneur, point d'autre décimateur que le père commun de la famille, l'empereur. Les bonzes, accoutumés à recevoir les aumônes d'un peuple charitable, seraient mal reçus à prétendre que cette aumône est un droit que le ciel leur a donné (1).

La Dîme.

Cet impôt, qui n'est pas exactement la dixième partie du produit, est réglé suivant la nature des terres; dans le mauvais sol, ce n'est que la trentième partie, etc. La dixième portion de tous les produits de la terre appartient à l'empereur. Voilà le seul et uni-

---

(1) Tous ces faits positifs et énoncés d'une manière aussi simple que philosophique, contrebalance un peu les diatribes amères et soi-disant *philosophiques* de M. de Paw.

que droit imposé sur les terres, le seul tribut connu en Chine, depuis l'origine de la monarchie; et ce qu'il y a d'heureux, le respect des chinois pour les usages anciens est tel, qu'il ne saurait tomber dans l'esprit de l'empereur de vouloir l'augmenter, ni dans celui des sujets de craindre cette augmentation.

Le peuple le paye en nature, non à des fermiers avides, mais à des magistrats intègres, qui en sont les régisseurs naturels. Qui pourrait calculer le montant de ce tribut qui paraît si modique, mais qui est levé sur toutes les terres d'un aussi vaste empire, le mieux cultivé qu'il y ait au monde?

Ce tribut est payé avec d'autant plus de fidélité, qu'on connaît l'usage auquel il est destiné. On sait qu'une partie de cette dîme est renfermée dans des magasins immenses distribués dans toutes les provinces de l'empire, et réservée pour la subsistance des magistrats et des soldats. On sait que dans le cas de disette, ces magasins sont ouverts pour rendre à un peuple qui est dans le besoin, une denrée qu'on a tirée de lui dans son abondance.

Enfin, toute la nation sait que l'autre partie de cette dîme est vendue dans les marchés publics, et que le produit en est porté fidèlement dans les trésors de l'empire, dont la garde est confiée au tribunal respectable du *Ho-pou*, pour n'en sortir que dans les besoins communs de la famille.

Comparaison de l'agriculture de l'Afrique et de l'Asie à celle de la Chine.

Rappelez-vous à présent ce que j'ai dit des lois, des mœurs, des usages des différentes nations de l'Afrique et de l'Asie, dont j'ai examiné l'état de l'agriculture. Comparez nation à nation, jugez si le malheureux malabare, sans propriété, soumis au gouvernement tyrannique des mogols; si un peuple d'esclaves, la tête toujours courbée sous le sceptre de fer du despote de Siam; si la nation malaise, toujours agitée et asservie par l'abus de ses lois, peuvent, même en possédant les meilleures terres qu'il y ait au monde, jouir d'une agriculture aussi florissante que le peuple chinois, gouverné comme
une

une famille, et soumis aux seules lois de la raison.

Je le répéterai donc avec confiance : dans tous les pays du monde, l'état de l'agriculture dépend uniquement des lois qui y sont établies, et des mœurs, même des préjugés que ces lois donnent.

Que les hommes se sont donnés de peine pour se rendre malheureux d'un bout de la terre à l'autre ! Créés pour vivre en famille, pour cultiver la terre, pour jouir, par leur travail, des dons infinis du créateur, ils n'avaient qu'à prêter l'oreille à la voix de la nature; elle leur indiquait le bonheur ici-bas. Ils se sont fatigués l'esprit pour imaginer des institutions barbares, des législations alambiquées, qui, n'étant pas conformes à la loi que chaque homme porte dans son cœur, n'étant pas faites pour des hommes, n'ont pu s'établir que par la force, en inondant la terre de sang. Ces lois une fois établies, ont continué de désoler la terre en opprimant l'agriculture, et en arrêtant la population.

Etat de l'agriculture en Europe.

Quel spectacle pour un voyageur attentif, que l'état de la culture chez les différens peuples qui partagent la terre !

En Europe, il la voit florissante aujourd'hui chez une nation, qui pendant plusieurs siècles antérieurs était réduite à aller mendier sa nourriture chez des voisins qui jouissaient d'une plus grande étendue de terre et d'un climat plus heureux qu'elle. Pendant ces siècles de barbarie, la perte de sa liberté et de son droit de propriété avait entraîné celle de sa culture ; elle n'a recouvré ces deux droits naturels, et relevé les fondemens renversés de son agriculture, que par des atrocités et des malheurs, en faisant couler des ruisseaux de sang.

En Afrique.

L'Afrique en général, dont les contrées les plus connues anciennement, étaient regardées comme les greniers de l'univers, ne présente plus, depuis la perte de sa liberté, que des terres en friche, ou mal cultivées par des esclaves.

En Amérique.

Le midi de l'Amérique, couvert de marécages, de ronces et de forêts, voit ses terres immenses, endurcies par la sueur même de ses cultivateurs dans les fers.

Le nord de cette partie du monde est habité par de petits peuples sauvages, misérables et sans agriculture, mais hommes, jouissant de la liberté, et par là moins malheureux peut-être que la foule des nations prétendues policées, qui, plus éloignées qu'eux des lois de la nature par la privation des droits qu'elle donne, font des efforts impuissans pour se procurer le bonheur, qui est l'effet d'une bonne agriculture.

En Asie.

Le vaste continent de l'Asie offre ici une région immense toute en friche, habitée par un peuple de brigands plus occupés de vol que de culture. Là, un grand empire, autrefois si florissant et si bien cultivé, aujourd'hui désolé par les guerres civiles, habité par un reste de population qui meurt de faim, faute de culture, et qui répand son sang, non pour recouvrer sa liberté, mais pour changer de tyran.

Presque toute cette belle et riche partie du monde, qui fut le berceau du genre humain, voit ses terres dans l'esclavage et ses cultivateurs enchaînés, ou sous le despotisme aveugle des souverains qui la partagent, ou sous le joug destructeur des lois féodales.

Enfin, l'extrémité orientale du continent de l'Asie, habitée par la nation chinoise, donne une idée ravissante de ce que serait toute la terre, si les lois de cet empire étaient également celles de tous les peuples. Cette grande nation agricole réunit à l'ombre de son agriculture, fondée sur une liberté raisonnable, tous les avantages différens des peuples policés et de ceux qui sont sauvages. La bénédiction donnée à l'homme dans le moment de la création, semble n'avoir eu son plein effet qu'en faveur de ce peuple multiplié comme les grains de sable sur les bords de la mer.

Princes, qui jugez les nations, qui êtes les arbitres de leur sort, venez à ce spectacle, il est digne de vous. Voulez-vous faire naître l'abondance dans vos états, favoriser la multiplication de vos peuples, et les rendre heureux ? voyez cette multitude innombrable qui couvre les terres de la Chine, qui n'en laisse pas un pouce sans culture; c'est la liberté et son droit de propriété qui ont fondé une agriculture si florissante, au moyen de laquelle ce peuple heureux s'est multiplié comme le grain dans ses campagnes.

Aspirez-vous à la gloire d'être les plus puissans, les plus riches, les plus heureux souverains de la terre ? venez à Pékin, voyez le plus puissant des mortels, assis sur le trône à côté de la raison. Il ne commande pas, il instruit; ses paroles ne sont pas des arrêts, ce sont des maximes de justice et de sagesse. Son peuple lui obéit, parce que l'équité seule lui inspire les volontés qu'il annonce. Il est le plus puissant des hommes, parce qu'il règne sur les cœurs de la plus nombreuse société d'hommes qu'il y ait au monde, et qui est sa famille.

Il est le plus riche de tous les souverains, parcequ'une étendue de six cents lieues de terre, du nord au sud, et autant de l'est à l'ouest, cultivé jusqu'au sommet des montagnes, lui paye la dîme des moissons abondantes qu'elle produit sans cesse, et parce qu'il est économe du bien de ses enfans.

Enfin, il est le plus heureux des monarques, puisqu'il goûte tous les jours le plaisir ineffable de rendre heureuse la plus grande multitude d'hommes qui soit rassemblée sur la terre. Il jouit seul du bonheur que partagent ses enfans innombrables qui lui sont tous également chers, et qui vivent comme frères, chacun en liberté et dans l'abondance, sous sa protection. Il est appelé le fils du *Tien*; il est la vraie, la plus parfaite image du ciel dont il imite la bienfaisance. Son peuple reconnaissant l'adore comme un dieu, parce qu'il se conduit comme un homme.

DISCOURS

Prononcé par P. POIVRE, à son arrivée à l'Isle de France, aux habitans de la Colonie assemblés au Gouvernement (1).

MESSIEURS,

LES ordres du roi qui m'ont envoyé dans cette colonie en qualité de commissaire pour sa majesté, me disent en termes précis de ne rien négliger de tout ce qui pourra contribuer à son bonheur.

Vous serez convaincus de l'intérêt singu-

---

(1) L'amour de la patrie qui respire dans ce discours, comme dans tous les autres ouvrages de Poivre lui fait aisément pardonner certains protocoles que nous n'avons pas cru devoir suprimer. L'homme véritablement digne de la liberté, faisait passer à la faveur de ces formules des vérités hardies qu'on n'aurait point tolérées.

lier que notre monarque et son digne ministre prennent à la félicité des colons de ces îles, par l'énumération des bienfaits que sa majesté verse sur vous.

Outre le nouveau conseil supérieur que le roi vient d'établir dans cette île, pour y faire régner la justice, protéger les mœurs, et punir le crime qui troublait l'ordre et la paix de la colonie, sa majesté a créé un tribunal terrier, dans la seule vue de vous assurer vos propriétés au-dedans.

Une légion de trois mille hommes est destinée à les défendre contre l'ennemi du dehors.

La liberté du commerce vous est accordée depuis le cap de Bonne-Espérance, dans toutes les mers des Indes.

Les approvisionnemens en denrées de l'Europe, tels que vous les demanderez vous-mêmes, vous sont assurés. Le ministre s'est engagé d'obliger la compagnie à vous les fournir suivant l'état de vos besoins, qui lui sera adressé annuellement.

Un tarif, arrêté par le même ministre, modère le prix de ces denrées au plus grand avantage des cultivateurs, et prévient les monopoles dont ils ont été si souvent les victimes.

Vos terres, Messieurs les colons, seront rendues libres, comme vous l'êtes vous-mêmes; car vous êtes exempts de toute espèce d'impositions.

Vous avez, dans les magasins du roi, un débouché certain du superflu de tous les grains qui pourraient vous rester, faute de consommateurs. Je suis autorisé à les recevoir à un prix qui vous sera payé en lettres-de-change, à trois mois de vue sur Messieurs les trésoriers généraux des colonies, c'est-à-dire, sur notre propre caisse. Votre paiement ne saurait être mieux assuré, et vous devez compter sur la plus grande exactitude.

A la place de ces papiers-monnaie, dont la valeur a toujours été si incertaine, nous vous avons apporté de l'argent effectif, qui vous mettra dans le cas de réaliser vos fortunes, qui donnera des ressources à votre culture, et de l'activité à votre commerce.

Deux flûtes et quelques brigantins seront entretenus dans ces îles aux dépens du roi, pour vous mettre dans l'abondance par des transports considérables de troupeaux, qui seront tirés de Madagascar.

Enfin, le roi vous a accordé, à vous spécialement, des lettres-patentes qui obligent la compagnie de payer toutes les créances que vous avez sur elle. Vous pouvez, dès aujourd'hui, réaliser les fruits de vos travaux passés, soit en prenant dans les magasins de la compagnie, pour les papiers dont vous êtes porteurs, les marchandises dont vous aurez besoin, soit en vous faisant délivrer des lettres-de-change, qui vous seront payées à trois mois de vue, en contrats.

Vous serez encore plus sensibles à cette marque distinguée de la protection du roi, lorsque vous saurez que les malheurs de la dernière guerre ont laissé la compagnie des indes dans un délabrement difficile à réparer; que cette compagnie a fait les plus grands efforts pour renvoyer à des tems plus heureux, et peut-être très-éloignés, le paiement de vos créances sur elle; que cette compagnie étant un objet très-important pour l'état, semblait, à beaucoup de gens, avoir droit à une protection de préférence sur vous; mais dans ce conflit d'intérêts opposés, la justice de votre cause a trouvé un puissant appui auprès du trône; *M. de Praslin* s'est déclaré hautement le protecteur des colons, et a obtenu des lettres-patentes qui assurent et fixent le terme du paiement de vos créances sur la compagnie.

Vous voyez, Messieurs, par l'énumération des bienfaits dont le roi vous comble, que vous êtes les enfans chéris de la patrie, et que toute préférence vous est accordée par celui qui en est le père.

Voici la reconnaissance qu'il exige de vous. Sa majesté desire, sur toutes choses, que vous soyez heureux.

Le bonheur de cette colonie, et votre bonheur particulier dépendent de vous seuls. Le roi vous ordonne d'y travailler; c'est l'unique prix qu'il veuille de ses bienfaits.

Obéissez donc avec tout le transport de la reconnaissance et de l'intérêt à un commandement si doux à suivre, si digne de la bonté de notre auguste monarque. Rendez-vous heureux, en cultivant vos terres avec plus d'ardeur et plus d'intelligence que vous ne l'avez fait jusqu'à présent. Pensez que vous êtes tout-à-lafois les défenseurs et les nourriciers de cette colonie pendant la paix.

Vous êtes plus : pendant la guerre, la patrie vous regarde comme les défenseurs de nos comptoirs des Indes et les nourriciers des escadres, ainsi que des troupes qui vous seront envoyées, tant pour défendre vos propriétés, que pour protéger notre commerce national en Asie.

Jusqu'ici chaque colon, aveuglé par son intérêt privé, n'a regardé cette colonie que comme un lieu de passage, et ne s'est attaché qu'aux moyens de faire une rapide fortune par toutes sortes de voies, pour retourner promptement en France.

Permettez-moi de vous le dire, Messieurs, le colon qui, sous un ciel aussi heureux que celui de cette île, habitant une terre aussi fertile, exempt de toute espèce d'impositions et de droits, au milieu de toutes les productions de l'univers que la mer lui apporte, n'a pas su se procurer le bonheur qu'il cherche, ne le trouvera jamais en France.

Voyez la plupart de ceux qui ont été séduits par une erreur aussi dangereuse ; les uns ont été emportés par le premier hiver dont ils ont essuyé les rigueurs; les autres, après avoir consommé en peu de tems cette fortune qui leur avait promis des plaisirs si séduisans, si durables, à peine échappés à tous les maux que traîne après lui un froid dont ils avaient perdu la douloureuse habitude, se sont hâtés de revenir dans cette île, dont ils avaient d'abord méconnu les avantages.

Interrogez-les, ils vous diront combien tous les plaisirs bruyans de la capitale qui vous séduisent de loin, sont misérables, lorsqu'on les voit de près; ils vous diront que des douze mois de l'année, qui, dans cette île sont un printems continuel, en France on en passe six dans la douleur : la nature entière n'y offre que des objets tristes, et paraît dans un état de mort, frappée de la malédiction du ciel. L'humanité, accablée des besoins que la rigueur du froid multiplie, y est pendant ces six mois assaillie de rhumes, de goutte, de rhumatismes, de fluxions de poitrine, et d'une foule de maladies très-rares, ou inconnues dans l'heureux climat de cette île.

Ils vous diront que si l'on veut acheter une terre, soit pour assurer son revenu, soit pour se livrer aux charmes de l'agriculture, on en est bientôt dégoûté par le peu de rapport du sol de France, comparé avec celui des terres de notre île. Là, des terres usées ne produisent qu'à force de travail, d'engrais et de dépenses. On retire dans les bons terrains deux récoltes en trois années ; et quelles récoltes, en comparaison de chacune de celles que votre sol vous fournit doubles annuellement ? D'ailleurs, en achetant des terres en France, on achète en même-tems une foule de procès qui enlèvent le repos et consomment la fortune.

Ils vous diront que lorsqu'on pense être propriétaire, et jouir tranquillement de son revenu, on reçoit assignation sur assignation pour payer des droits inconnus dans cette île. La dîme ecclésiastique, les servitudes, les droits de lods et ventes, et plusieurs autres redevances seigneuriales ; enfin, dans les années malheureuses, les impositions royales ne laissent presqu'aucun revenu. On est sans cesse harcelé par les fermiers des droits, par des collecteurs, par des commissaires à terriers, par des inspecteurs de grands chemins, par des préposés aux corvées, par des gardes-chasse et par une foule d'hommes bien autrement terribles dans les campagnes, que tous les insectes qui même en France sont presque en aussi grand nombre, que le sont ici ceux dont vous vous plaignez.

Je n'exagère rien ; votre intérêt seul me dicte les vérités que je vous rappelle. Vous devriez les connaître aussi bien que moi, mais une longue absence vous les a fait oublier, comme la santé, ou la prospérité continuelle font oublier facilement et les maladies, et les malheurs innombrables qui affligent l'humanité.

Revenez donc de l'erreur dans laquelle vous étiez tombés. Attachez-vous à une colonie, où le climat, la situation, le sol, l'aisance, la liberté, tout concourt à votre bonheur. Elevez aujourd'hui vos ames au-dessus du vil intérêt qui vous aveuglait.

Reconnaissez la dignité de votre position. Vous êtes entre la métropole et les ports de l'Asie, où elle fait son commerce, pour assurer de ce côté ses intérêts. La patrie, qui vous regarde avec tendresse, compte sur vous, comme sur des sentinelles avancées, pour aider à ses opérations. Votre devoir, votre intérêt, votre gloire sont de garder votre poste, de procurer avec ardeur des subsistances abondantes pour vos frères navigateurs qui vous rendent, à vous particulièrement, en même-tems qu'à notre pays, les services les plus fatigans et tout-à-la-fois les plus utiles.

En portant la culture de vos terres à sa plus grande perfection, vous remplirez les vues de la patrie; vous reconnaîtrez ses bienfaits; vous en mériterez de nouveaux.

Je ne dois pas vous laisser ignorer que le gouvernement a vu avec indignation ces dernières émigrations d'une multitude de colons, qui ont emporté en France des fortunes énormes, faites dans des tems également malheureux, et à la nation qui s'est épuisée pour soutenir cet établissement, et à la colonie elle-même, qui, malgré tant de dépenses, loin d'être en état de fournir les secours qu'on devait en attendre, s'est vue dans la plus cruelle détresse.

Si ces fortunes étaient provenues de la culture des terres, si elles avaient été faites en fournissant à nos escadres des vivres abondans, qui les eussent mises dans le cas de défendre nos comptoirs de l'Asie, alors
elles

elles eussent été utiles à la nation, le ciel et la terre se seraient réunis pour les bénir et les approuver. Mais ces fortunes ont été faites la plupart aux dépens de la patrie, dont elles ont augmenté les malheurs.

Est-ce donc pour enrichir promptement quelques particuliers, quelques sang-sues publiques, que l'état entretient à grands frais, à quatre mille lieues de ses ports, une île qui jusqu'à présent n'a dû paraître qu'un gouffre, capable d'engloutir seul tous ses trésors, sans améliorer sa situation ? Plus de 60 millions ont été dépensés dans cette île, depuis sa prise de possession. Où trouverons-nous ici l'emploi d'une somme si immense ? En quoi l'Isle de France est-elle aujourd'hui, à proportion de tant de dépenses et de tant de travaux, plus utile à l'état, qu'elle ne l'était lorsque les premiers français y mirent le pied.

Si cette île produit aujourd'hui quelques grains nourriciers ; si on y trouve quelques troupeaux en petit nombre, ces productions dédommagent-elles l'état, non seulement de ses dépenses, mais de la perte immense de ses bois et de la détérioration qui en est la suite ?

Des hommes avides et ignorans, ne pensant que pour eux-mêmes, ont ravagé l'île, en détruisant les bois par le feu; empressés de faire, aux dépens de la colonie, une fortune rapide, ils n'ont laissé à leurs successeurs que des terres arides abandonnées par les pluies, et exposées sans abri aux orages et à un soleil brûlant.

La nature a tout fait pour l'Isle de France: les hommes y ont tout détruit. Les forêts magnifiques qui couvraient le sol, ébranlaient autrefois, par leurs mouvemens, les nuages passagers, et les déterminaient à se résoudre en une pluie féconde. Les terres qui sont encore en friche, n'ont pas cessé d'éprouver les mêmes faveurs de la nature; mais les plaines qui furent les premières défrichées, et qui le furent par le feu, sans aucune réserve de bois, pour conserver au moins de l'abri aux récoltes, et une communication avec les forêts, sont aujourd'hui d'une aridité surprenante, et par conséquent beaucoup moins fertiles; les rivières mêmes, considérablement diminuées, ne suffisent pas toute l'année à abreuver leurs rives altérées; le ciel, en leur refusant les pluies abondantes ailleurs, semble y venger les outrages faits à la nature et à la raison.

Presque toutes les terres de cette île sont concédées sans économie, sans discernement, sans principes; mais enfin elles sont concédées, et toutes ces terres peuvent à peine nourrir leurs habitans.

Encore quelques années de destruction, et l'isle de France ne serait plus habitable; il faudrait l'abandonner.

Voilà donc quel est le fruit de ces dépenses énormes que l'état fait depuis quarante années pour l'établissement de cette colonie.

Les trésors de la France, Messieurs, sont le fruit sacré des travaux, des sueurs et du sang de nos concitoyens. Assez et trop long-tems ils ont été employés ici inutilement; ils ont été dissipés et pillés par des mains sacriléges. Les tems du désordre sont passés. La patrie honorant de sa confiance notre nouvelle administration, consent de faire encore un effort pour le soutien de cette colonie; mais si dans l'espace de trois ou quatre années, l'île n'est pas en état de nourrir ses habitans, et ne promet pas de faire subsister les escadres qu'une nouvelle guerre obligerait d'envoyer aux Indes, je suis chargé de vous annoncer son arrêt : elle sera regardée comme indigne de tout secours, de toute protection : elle sera abandonnée.

Le sort de cette colonie, Messieurs, et le vôtre, sont aujourd'hui entre vos mains ; si par une culture plus active et mieux entendue, vous vous mettez vous-mêmes dans l'abondance où le gouvernement desire vous voir, vous pouvez compter sur la plus puissante protection. Je suis chargé de vous promettre, au nom du roi, tous les secours dont vous aurez besoin, et pendant la paix, et pendant la guerre. Vos propriétés et vos fortunes, devenues utiles à l'état, en seront efficacement protégées ; et soyez bien assurés que vous ne manquerez pas de défenseurs, dès que vous vous serez mis en état de les nourrir.

Que ce jour soit donc l'heureuse époque du rétablissement de la colonie. Sensibles aux bienfaits de la métropole, livrez-vous aux généreux transports d'une émulation patriotique ; que vos terres, devenues libres, et cultivées avec plus d'ardeur et d'intelligence, vous rapportent de plus abondantes récoltes, qui seront tout-à-la-fois la richesse de l'état et la vôtre.

Que les terres en friche soient mises de toutes parts en valeur, mais qu'elles soient défrichées avec la plus grande économie des bois; que ces terres, nouvellement défrichées par petites portions, restent séparées et bordées par quelques toises d'arbres de haute-futaie, qui, en garantissant vos moissons de la fureur des vents, conserveront à tout votre sol une fraîcheur et une communication salutaire avec les forêts. Je vous ferai savoir successivement les intentions du gouvernement, tant sur la manière de défricher, qui sera la seule permise à l'avenir, que sur les moyens de replanter, avec succès, des bois, dans les terres anciennement dévastées par le feu.

Qu'une partie de vos terres soit mise en pâturages pour la nourriture de vos bestiaux; car je vous préviens que les troupeaux qui vont être transportés de Madagascar par les flûtes du roi, seront distribués exclusivement à ceux des colons qui auront formé des pâturages, et en proportion de l'étendue de leurs savannes.

Que toute autre culture cède aujourd'hui pour un tems à celle des grains nourriciers. L'état ne vous demande encore ni café, ni coton. Les hommes qu'il enverrait à votre défense, n'en vivraient pas : vous êtes trop éloignés de la métropole, pour qu'elle puisse, en vous envoyant ses défenseurs, vous envoyer en même tems de quoi les nourrir.

Tandis que les flûtes du roi iront nous chercher au-dehors des ressources pour nous mettre dans l'abondance ; tandis que les vaisseaux de la compagnie et les armateurs particuliers seront occupés à nous apporter de toutes parts les denrées que notre île ne nous fournit pas, que tout français soit ici cultivateur et soldat ; remuons cette terre excellente ; tirons de son sein fécond les richesses qu'elle offre à notre travail ; montrons à toutes les nations, jalouses de notre bonheur, et qui nous accusent d'inconstance et de légèreté, que les français sont capables de former une colonie puissante, quand la patrie les anime de ses regards.

Commençons par nous mettre dans la plus grande abondance possible de denrées : le tems viendra bientôt auquel vous pourrez vous livrer à la culture de quelques objets de richesses ; alors l'abondance bien établie vous en assurera la jouissance ; alors vous serez riches et puissans : autrement vos richesses seraient incertaines et précaires, parce que vous seriez sans puissance. Elles ne serviraient qu'à attirer sur vous les forces de l'ennemi, qui ne verrait dans cette colonie, qu'une proie facile à enlever.

Messieurs les cultivateurs, vous êtes les colonnes de cet établissement ; il est fondé sur l'agriculture nourricière, et il ne saurait avoir un meilleur fondement. Les travaux auxquels vous vous livrez, sont par toute la terre les plus nobles et les plus honorables de ceux qui peuvent occuper l'homme. Par-tout ils intéressent le genre humain qui, sans eux, ne saurait subsister.

Ici vous exercez, comme tous les cultivateurs du monde, les fonctions sublimes, non seulement de coopérateurs de la providence, de bienfaiteurs de l'humanité, mais de plus, celles de soutiens de la patrie, de protecteurs de ses établissemens en Asie. Toutes ses espérances de ce côté-là sont fondées sur l'activité, sur l'intelligence et le succès de vos opérations. Les pertes que vous éprouverez dans vos cultures, seront des pertes pour l'état. Vos richesses, et l'abondance de vos récoltes, combleront ses vœux.

Dans une telle position, vous devez compter sur tous les égards, sur toutes les préférences du gouvernement. Les bienfaits multipliés que je vous ai annoncés aujourd'hui de sa part, vous seront tout-à-la-fois un motif pour les mériter, et un gage de ceux auxquels vos services vous donneront droit de prétendre.

Animé de son esprit, et dépositaire de sa confiance, je vous offre tous les secours que vous pouvez réclamer. L'autorité que je vais exercer, ne sera employée que pour favoriser vos travaux.

Comme, malgré la droiture de mes intentions, je pourrais me tromper dans les moyens, je compte trouver en vous les lumières dont j'aurai besoin pour vous être utile. Je vous demande avec instance vos conseils pour porter cette colonie au plus haut degré d'abondance et de prospérité.

Ne craignez pas, Messieurs, de me fatiguer, de m'importuner; mon tems est à vous. Je ne suis venu ici, que pour servir notre commune patrie, en contribuant de toutes mes forces à votre bonheur. Instruisez-moi hardiment de mes erreurs; soyez persuadés qu'elles seront involontaires. Faites-moi voir ce que mes seules lumières ne me feraient pas connaître; je me ferai un devoir de recevoir vos avis, de les discuter avec vous, et d'y acquiescer, dès que la justice, l'intérêt de l'état et le vôtre s'y trouveront réunis.

Après une déclaration aussi sincère de notre part, si votre agriculture trouve encore des obstacles; si quelques abus, quelques désordres en arrêtent les progrès; si le mal se perpétue; si tout le bien qu'il est possible de faire ne se fait pas; enfin si la colonie ne parvient pas au plus haut degré de félicité auquel elle puisse parvenir, ne vous en prenez qu'à vous-mêmes. Que pouvons-nous vous offrir de plus pour votre utilité particulière et pour l'avantage public, que toute la force de l'autorité dont nous sommes dépositaires?

Nous vous déclarerons, dans le tems, les ordres du roi, au sujet des paroisses à établir dans cette île, sur l'entretien des ministres de la religion, sur l'ouverture et la réparation des chemins, sur la police de vos esclaves, enfin sur les différens objets de notre administration. Nous examinerons avec messieurs les syndics de chaque quartier, nous discuterons tous ces objets, et comme l'intention de sa majesté est de vous favoriser en tout, que le but de notre administration est de n'agir que pour le bonheur de ceux qui y sont soumis, nous n'exigerons de vous que ce que la justice, la raison et votre intérêt bien connu en exigeraient sans l'autorité. Mais nous ne pouvons renvoyer à un autre tems de vous notifier les intentions du roi en faveur de vos esclaves. L'humanité me presse de vous en parler dès aujourd'hui.

L'Isle de France, située sous un ciel tempéré, fondée sur l'agriculture, le plus noble et le plus utile de tous les arts; établie pour servir d'asyle à nos navigateurs, et de boulevard à nos possessions en Asie, devait n'être cultivée que par des mains libres. Une telle île ne devait avoir pour cultivateurs que des hommes armés, capables de la défendre. Ses colons devaient être des citoyens tirés de la classe des laboureurs de la métropole; ils eussent été ses défenseurs redoutables, et tous à-la-fois les protecteurs de notre commerce des Indes.

La première attention du législateur d'une telle colonie, devait être sur-tout d'y établir des mœurs frugales, si favorables à l'agriculture; de ces mœurs simples, mais nobles et austères, devant lesquelles le vice tremble et disparaît; de ces mœurs qui agrandissent la sphère de l'ame, font germer en elle les vertus, et la portent aux belles actions. De telles mœurs ne se trouvent jamais que là où sont la liberté et le travail. Rien ne leur est si opposé que la servitude; elle dégrade l'homme, et après avoir avili l'esclave, elle tend à énerver le maître, à le corrompre, à l'enchaîner sous le joug honteux de l'orgueil, de la dureté et de tous les vices.

Une île aussi importante ne pouvait manquer d'être jalousée par les nations rivales de notre puissance; elle était exposée à être attaquée à chaque guerre, et trop éloignée de la métropole pour en recevoir des secours prompts. Il ne convenait donc pas d'y multiplier de malheureux esclaves qui, n'ayant rien à perdre, et ayant tout à espérer d'une révolution, ne pouvaient dans un cas d'attaque, qu'embarrasser ses défenseurs.

Nous ignorons sur quels principes l'ancienne direction de la compagnie a pu se déterminer, contre la nature des choses, à recourir aux bras des esclaves pour mettre cette île en valeur.

Quoiqu'il en soit, le mal est fait; mais heureusement il n'est pas sans remède.

Vous préviendrez, Messieurs, tous les maux que traîne après soi l'esclavage introduit dans cette île, en suivant exactement l'esprit de la loi, qui a permis aux français d'avoir des esclaves dans leurs colonies.

Cette loi qui, depuis le dernier siècle seulement, tolère parmi nous un usage inhumain, anciennement établi chez des peuples barbares, contre le droit naturel, ne le tolère qu'à condition que ces malheureux esclaves, dépouillés, autant qu'il est en nous, de leur qualité d'hommes, seront instruits par leurs maîtres, et éclairés des lumières de la foi. Notre religion simple, en les adoptant au nombre de ses enfans, leur rendra au-delà de ce qu'ils auront perdu. Ses vérités consolantes leur feront supporter avec patience la rigueur de leur sort. Encouragés par les promesses si dignes du père commun des hommes, qui assurent la plus haute récompense aux malheureux qui pleurent, ils serviront leurs maîtres avec fidélité, comme leurs bienfaiteurs; et malgré les horreurs de l'esclavage, ils pourront être heureux, en conservant cette liberté précieuse de l'ame que le vice seul peut enlever.

La même loi exige encore que le maître favorise le mariage parmi les esclaves, qu'il les nourrisse, les habille et les traite avec humanité. Quand la nature parle, est-il donc besoin d'une loi positive ? Se trouverait-il dans cette colonie des maîtres assez dénaturés, pour que l'autorité y fût obligée de recourir à la loi, pour venger la nature? Que de tels hommes, s'il s'en trouve, rentrent un instant en eux-mêmes ! Qu'ils écoutent le cri touchant et terrible de l'humanité, ils seront bientôt honteux et punis de leur barbarie !

Nous sommes persuadés que le plus grand nombre des colons de cette île, est, à cet égard, au-dessus de tout reproche.

On assure néanmoins qu'il y a dans la colonie beaucoup d'anciens esclaves, que leurs maîtres n'ont point encore pensé à instruire des vérités de la religion ; qu'il est des maîtres qui, non seulement ne favorisent pas les mariages, mais qui s'y opposent; qu'il en est qui ne leur fournissent d'autre nourriture que les racines caustiques et insalubres qu'ils leur permettent d'aller arracher sur le bord des rivières; que certains maîtres les surchargent sans pitié de travail. Qu'enfin on voit dans l'île beaucoup de ces malheureux qui ne sont point habillés, et que l'on en compte plus de six cents que les mauvais traitemens ont rendus fugitifs dans les bois (1).

Si de tels rapports étaient vrais, malgré ce que je dois en penser d'après ce que j'ai

---

(1) L'éloquent et vertueux St. Pierre a décrit avec toute l'énergie et la sensibilité qu'on lui connaît, les horribles traitemens que les malheureux esclaves de cette île éprouvent de la part de leurs maîtres. « Quand ils sont vieux, dit-il, on les en-
« voie chercher leur vie comme ils peuvent. Un
« jour j'en vis un qui n'avait que la peau et les os,
« découper la chair d'un cheval mort pour la man-
« ger. C'était un squelette qui en dévorait un autre.
« .... Femmes sensibles, vous pleurez aux tra-
« gédies, et ce qui sert à vos plaisirs est mouillé
« de pleurs, et teint du sang des hommes! *Voyage à l'Isle de France*, Tom. I. pag. 193 et 204.

vu autrefois moi-même, lorsque j'ai vécu parmi vous, les mœurs de cette colonie auraient bien changé ; et nous vous déclarons, Messieurs, que dans ce cas nous ferons valoir toute la sévérité des lois pour protéger et venger l'humanité outragée : pourrions-nous faire un meilleur usage de notre autorité ?

N'oublions jamais que le seul moyen de prévenir les malheurs dont l'introduction des esclaves menace cette colonie, est d'être juste et bienfaisant envers ces malheureux, de favoriser, par les mariages, la multiplication de ces ouvriers devenus nécessaires. Des esclaves bien traités serviront toujours bien leurs maîtres et pendant la paix et pendant la guerre ; ils ne chercheront ni à fuir dans les bois, ni à déserter chez l'ennemi. Attachés à la religion catholique, ils le seront à notre nation ; ils se croiront français ; ils auront en horreur toute autre religion, et craindront de tomber sous la puissance d'une nation hérétique ; mais il faudra beaucoup d'instructions pour faire prendre à leur esprit cette tournure avantageuse.

Leurs enfans regarderont la maison du

maître comme la maison paternelle, et l'île comme leur patrie.

Quelle situation plus délicieuse que celle d'un maître bienfaisant, qui vit sur sa terre au milieu de ses esclaves, comme au milieu de ses enfans! qui les voit autour de lui, deviner ses volontés et prévenir sa parole, pour les exécuter avec ardeur; qui voit des pères et mères sains et robustes lui apporter annuellement le premier sourire du fruit de leur amour, comme des prémices dus au père commun de tous ses serviteurs. Ils craignent son absence, autant que d'autres malheureux craignent la présence d'un maître impitoyable; lorsqu'il reparaît au milieu d'eux, il est comme l'astre bienfaisant qui réjouit toute la nature d'un de ses regards; il trouve tout dans le plus grand ordre, et ne voit autour de lui que des hommes empressés, gais et contens.

De tels esclaves vaudront des hommes libres. Loin d'être dangereux à leurs maîtres, dans le cas d'une invasion de la part de l'ennemi, ils seront au contraire de très-bons défenseurs de la colonie; et je suis persuadé que tous les bons maîtres de l'île compteraient en pareil cas, sur l'attachement de leurs esclaves.

Vous voyez donc, Messieurs, que la nature, la raison, la religion, votre intérêt et celui de la colonie, votre propre bonheur, tout vous parle plus fortement que la loi elle-même, en faveur de ces infortunés.

Mais, de tous les maux auxquels cette île a été exposée par l'introduction des esclaves, le plus dangereux et le plus funeste à son bonheur, serait sans contredit la corruption des mœurs, suite trop naturelle et du pouvoir contre nature que le maître a sur ses esclaves, et de l'avilissement forcé de tous ces êtres créés pour être libres, et qui ne le sont pas.

La loi a eu pour objet de prévenir un si grand malheur, non seulement en ordonnant d'instruire les esclaves dans les maximes pures de la morale chrétienne, mais encore en prononçant des peines sévères contre le maître qui abuserait de son autorité pour séduire sa jeune esclave. Elle a fait plus : elle a défendu l'affranchissement des enfans qui naîtraient d'un tel concubinage, dans l'espérance qu'un maître trop aveuglé par sa passion pour voir ce qu'il doit à Dieu, à soi-même, à l'exemple et à la fidélité conjugale, serait au moins arrêté par la crainte si naturelle d'avoir des enfans très-certainement malheureux.

Les mœurs sont l'accomplissement de tous les devoirs naturels, religieux et civils. Cet accomplissement est l'ordre moral, sans lequel aucune société ne saurait être heureuse, ni même subsister un certain tems. La vertu n'est autre chose que l'amour et la pratique de cet ordre.

Si les grands empires et les royaumes les mieux fondés en ont besoin pour conserver leur existence ; s'ils sont faibles ou puissans, s'ils prospèrent, ou s'ils touchent à leur ruine, suivant que les mœurs y sont plus ou moins conservées, que sera-ce donc d'une colonie, espèce de société isolée, naissante et faible par sa nature ? Chez un grand peuple on s'appercevra moins de l'influence funeste qu'aura sur la masse générale le défaut des mœurs parmi une multitude de particuliers.

Dans la distribution immense des différens états qui constituent ces grandes sociétés, il en est toujours quelques-uns de privilégiés, dans lesquels la vertu se plaît, se conserve davantage, et semble même se naturaliser. Cet heureux levain n'attend souvent qu'une circonstance favorable pour rendre à la masse une fermentation salutaire qui la rétablira dans sa première valeur.

Mais dans une colonie qui ne peut être regardée que comme une famille, dès que les mœurs manquent chez une partie des individus qui la composent, la contagion de l'exemple gagne presque en un instant toute la circonférence du cercle qui la renferme; bientôt tout est corrompu; et une telle société est condamnée à périr dès son berceau.

Ne cherchons pas, Messieurs, à nous faire illusion sur les causes de l'état de langueur et d'inertie dans lequel se trouve cette colonie, malgré les sommes immenses qu'elle a coûté à l'état depuis près d'un demi-siècle qu'on a commencé à l'établir.

Son climat tempéré donne peu de besoins; l'air y est salubre et favorable à la population; le sol en est le plus fertile que l'on connaisse dans le monde, et le mieux arrosé; en faisant gratter simplement la terre deux fois l'année, vous y recueillez annuellement deux moissons abondantes. Si une telle île est encore sans forces; si les premiers esclaves qui y furent introduits, y ont si peu multiplié, qu'il faille sans cesse y en apporter de nouveaux; si l'île n'est pas encore en état de nourrir ses habitans et de fournir des vivres au petit nombre de vaisseaux qui y abordent, nous ne pouvons nous en prendre au physique du climat : tout nous dit qu'il ne saurait y être meilleur.

Si nous examinons les causes morales, nous voyons que depuis l'établissement de cette colonie, toujours languissante, il en est sorti une multitude prodigieuse de fortunes énormes; si ces fortunes avaient été le produit des cultures, ces cultures existeraient encore; et l'île ne serait pas dans l'état de faiblesse où nous la trouvons. D'où sont donc sorties tant de fortunes subites, dans une île qui semble ne produire encore que des bois et des pierres? Vous le savez, Messieurs, et je n'ajouterai aucune réflexion à ce sujet.

Si nous examinons l'état de la religion dans cette île, nous serons au premier coup-d'œil indignés de voir que l'établissement principal de la colonie est encore, pour ainsi dire, sans un temple destiné au culte public.

Une indifférence aussi honteuse avilit sans doute notre nation aux yeux des étrangers qui abordent ici; mais elle annonce de plus une autre indifférence bien effrayante pour tout patriote qui s'intéresse au bonheur de cette colonie (1).

Si nous examinions les mœurs particulières, un luxe étonnant se présente à nos yeux.

Quoi, le luxe! le luxe le plus scandaleux dans une île qui manque de pain, et qui n'a aucun objet de commerce. Ah! Messieurs, n'en cherchons pas davantage, et convenons franchement que si cette colonie est misérable, si avant même d'avoir existé, elle est sur son déclin, elle doit l'attribuer, non au

---

(1) « On y est d'une insensibilité extrême pour « tout ce qui fait le bonheur des ames honnêtes. Nul « goût pour les lettres et les arts; les sentimens natu-« rels y sont dépravés, on regrette la patrie à cause de » l'opéra et des filles; souvent ils sont éteints. J'étais « un jour à l'enterrement d'un homme considérable « où personne n'était affligé, j'entendis son beau-« frère, remarquer qu'on n'avait pas fait la fosse assez « profonde ». *Voyage à l'Isle de France*, tom. 1.

physique du climat, mais à la corruption des mœurs, aux vices d'une partie de ses habitans.

Par toute la terre, le premier âge d'un peuple est l'âge des mœurs et de la vertu. Les mœurs amènent la force et la puissance, la puissance produit les richesses. De celles-ci naît le luxe qui perd les mœurs et la nation, à moins que des lois sages ne préviennent un si grand malheur.

Dans cette île, l'ordre des vicissitudes humaines est changé ; le luxe et la corruption ont devancé leurs causes.

Une colonie qui n'a jamais eu ni puissance, ni richesse, qui est énervée par un luxe extravagant, égal à celui des peuples les plus riches, est dans l'ordre moral le phénomène le plus monstrueux.

En vain, croirons-nous, Messieurs, pouvoir, à force de travaux, rétablir cette colonie, y amener la force, la puissance, la richesse et le bonheur, si nous ne commençons par y établir les mœurs. Sans elles, sans la vertu, tous nos efforts, tous nos travaux mêmes tourneront contre nous; ils ne serviraient qu'à attirer les forces de l'ennemi, et qu'à lui préparer une conquête facile.

Intimement convaincu de cette vérité qui nous effraye, nous avons recours à vous, messieurs les colons; votre état de cultivateurs vous attache à des occupations qui donnent naturellement des mœurs simples, frugales et innocentes. C'est au milieu des travaux champêtres que la vertu se plaît à exercer son empire. Plus vous tenez à la colonie par vos propriétés, plus vous êtes intéressés à défendre les droits de la vertu qui seule peut la rendre heureuse, puissante, invincible : vous en êtes les vrais soutiens ; toute l'espérance de la patrie est encore ici en vous.

Qu'une noble émulation s'empare donc aujourd'hui de tous les cœurs; que tout se renouvelle dans cette île; qu'à ce luxe insensé qui énerve les ames, vous fassiez succéder ce luxe d'aisance qui donne de la vigueur, et inspire la confiance et le courage.

C'est à vous à donner l'exemple de l'attachement le plus inviolable à tous les devoirs que prescrivent la nature, la religion et la société. Votre exemple gagnera tous les autres habitans libres ou esclaves. Alors vous verrez la colonie faire des progrès rapides ; alors toutes les familles qui la composent, n'en feront plus qu'une, heureuse au-dedans et redoutable au dehors.

Alors les vues de la patrie seront remplies, et vous serez mis au nombre de ses enfans les plus chéris.

Alors le ciel répandra ses bénédictions sur des cultures exercées par des mains pures et innocentes, et vous serez dans la plus grande abondance.

Alors la renommée publiant par-tout votre bonheur et votre vertu, quel ennemi serait assez téméraire pour oser tenter une descente sur une île habitée par un peuple nombreux, cultivateur et guerrier, protégé du ciel, et que sa vertu rendrait invincible par l'union de tous ses membres, par la force qu'elle donne, par le courage qu'elle inspire ?

DISCOURS

Prononcé à la première assemblée publique du nouveau conseil supérieur de l'Isle de France, le 3 août 1767, par P. Poivre, commissaire pour sa majesté aux Isles de France et de Bourbon, et président des conseils supérieurs qui y sont établis.

Messieurs,

Un nouvel ordre de choses se présente aujourd'hui dans cette colonie. Notre Isle de France, située sous un ciel heureux, offrant un sol excellent, avec deux bons ports à l'entrée de la mer des Indes, promit, dès la première connaissance qu'on en eut, les plus grands avantages à notre navigation et à notre commerce en Asie; mais par son éloignement de la métropole, elle parut ne convenir qu'à ce seul objet.

En conséquence, le gouvernement avait

remis, dès l'origine, la propriété de cette île dans les mêmes mains qui étaient dépositaires de notre commerce national aux Indes Orientales.

Ce fut donc la compagnie des Indes qui fonda cette colonie; elle seule en a dirigé la culture; elle seule l'a administrée jusqu'à ce jour, par des gouverneurs de son choix et par un conseil tout-à-la-fois d'administration, de justice et de commerce.

Le véritable objet de cette colonie, qui devait être une colonie nourricière et de force, a été manqué dès le premier pas que la compagnie a fait pour son établissement, par l'introduction des esclaves. Une île aussi éloignée de la métropole, sous un climat tempéré, peuplée dans la vue de protéger nos comptoirs de l'Asie, devait n'être cultivée que par des mains libres. Ses colons devaient être tout-à-la-fois ses seuls défenseurs et les protecteurs de notre commerce oriental.

Il serait difficile de dire dans quelles vues et sur quels principes elle fut d'abord fondée, sur quels principes elle a été administrée par l'ancienne direction de la compagnie, tant elle a éprouvé de variations, soit par les ordres souvent contradictoires qui lui sont arrivés successivement de la métropole, soit par le peu de suite et de liaison des différens plans formés pour son établissement.

Tantôt abandonnée, tantôt secourue avec une espèce de profusion, souvent ébranlée jusques dans ses fondemens, suivant le génie des différens partis qui dominaient les uns après les autres dans la direction de la compagnie, cette colonie, dans tous les tems, a plus perdu par les erreurs de ceux qui l'ont administrée, et par les secousses de leurs passions, qu'elle n'a gagné dans les intervalles heureux où la compagnie paraissait s'occuper de son bonheur; ces intervalles ont été courts, et les secours accordés n'ont pas été soutenus, ou ont été abandonnés au hasard, souvent livrés à des mains infidelles, et toujours consommés sans vue, sans principes, sans un plan convenu et bien établi.

Enfin, après des dépenses énormes faites pendant près de quarante années, cette île, qui devait être le point d'appui de nos comptoirs dans les Indes, qui devait y assurer notre commerce, et fournir une ressource abondante à nos escadres, s'est vue affamée et comme anéantie par ces mêmes escadres. Hors d'état de pouvoir envoyer le moindre secours à nos comptoirs attaqués et enlevés; bientôt menacée elle-même par un ennemi qu'elle aurait dû contenir, elle en fût peut-être devenue la proie, si ses pavillons s'y fussent présentés.

Les bévues, les infidélités, le désordre, les malheurs et les besoins qui en sont la suite, se sont multipliés ici à un tel point, que la nouvelle administration de la compagnie, assez courageuse pour oser entreprendre de relever un édifice, qui ne lui a été remis que s'écroulant de toutes parts, a désespéré, d'après les calculs les plus exacts, de pouvoir soutenir plus long-tems cette colonie. Comment, en effet, après les malheurs et les déprédations de la guerre dernière, eût-elle pu conserver une île, qui, malgré les dépenses énormes faites jusqu'à ce jour pour son établissement, ne présentait encore que des besoins plus immenses à satisfaire.

Le roi, protecteur-né de tout ce qui est le bien de la patrie, a repris, par son édit du mois d'août 1764, la propriété de ces îles, tant pour décharger la compagnie d'un fardeau qui était au-dessus de ses forces, que pour établir et conserver, aux frais généraux de la nation, une île importante, nécessaire à la sureté de notre commerce et de notre navigation en Asie, et sur-tout pour protéger efficacement les citoyens qui y sont établis.

Les Isles de France et de Bourbon sont donc aujourd'hui des colonies nationales, réunies au département général de la marine, pour être gouvernées à l'instar de toutes les colonies que nous possédons en Amérique.

Le ministre respectable, chargé par le roi de cette partie essentielle de l'administration publique, est devenu leur protecteur immédiat. Depuis cet heureux instant, *M. de Praslin*, touché de l'état de langueur et d'abandon dans lequel il a été informé qu'était cette colonie, s'est occupé principalement des moyens de la rétablir.

Vous pouvez juger, Messieurs, de la justesse de ses vues patriotiques, de l'efficacité de sa protection et de son affection paternelle pour ces îles, par tout ce que vous voyez aujourd'hui, et sur-tout par la sagesse des édits, des réglemens et des ordonnances que vous venez d'enregistrer.

Lorsqu'il a été question de pourvoir à la défense de ces îles, *M. de Praslin* a pris les ordres du roi pour créer une légion consacrée à cet objet seul. Il en a confié le commandement général à un officier recommandé par son seul mérite, d'une expérience consommée, et célèbre par la victoire glorieuse qu'il a remportée en Canada sur le *général Braddock*. Un tel commandant est bien fait pour être respecté et pour gagner toute notre confiance.

Après avoir ainsi pourvu à la défense de nos îles contre l'ennemi du dehors, *M. de Praslin* n'a plus pensé qu'à établir le bonheur au-dedans. Par une suite de ses dispositions bienfaisantes, qui n'ont eu d'autre objet que le plus grand avantage des habitans de ces colonies, le commerce particulier est rendu libre depuis le cap de Bonne-Espérance exclusivement : la compagnie, toujours privilégiée pour son commerce des Indes en France, a conservé le droit de fournir seule ces îles de marchandises de l'Europe ; mais ce privilége même, qui, dans des mains moins pures que celles qui le tiennent aujourd'hui, pourrait dégénérer en monopole, a été soumis à un tarif qui le rend plus utile à la colonie, que ne le serait la liberté même la plus étendue.

Les terres de ces îles étaient ci-devant dans la servitude, sous le joug de la compagnie. Les redevances et les droits de lods et ventes auxquelles elles étaient sujettes par le titre même des *concessions* en rendaient la propriété incertaine et précaire. Disons mieux : la compagnie, en feignant de concéder ces terres, s'en était réservé la propriété réelle. Les concessionnaires n'étaient guères que des usufruitiers, puisqu'à chaque mutation il fallait racheter ce qu'on avait cru être son bien, et cela à un prix proportionné, non à la valeur primitive de la terre concédée, mais aux dépenses que le faux propriétaire abusé avait faites pour en améliorer le sol.

Excusons néanmoins l'ancienne administration de la compagnie, qui, dans cette espèce de contrat le plus usuraire que l'esprit humain, en son délire, ait jamais imaginé, paraissait autorisée par des abus semblables, malheureusement trop établis dans notre patrie, et sortis anciennement du cahos de nos lois féodales.

Mais applaudissons à la fermeté généreuse du ministre, qui, s'élevant au-dessus des préjugés de sa nation, a rendu hommage a la simplicité du droit naturel, en affranchissant de toute espèce de servitude les terres de ces colonies, qui désormais seront libres comme les braves colons qui les possèdent.

Loin de nos heureux climats cet axiôme moderne : *point de terre sans seigneur ;* axiôme destructeur, ruineux pour l'agriculture, source inépuisable de trouble et de procès.

Grâces à l'équité du roi et du ministre bienfaisant qui gouverne et protége ces îles, celui-là y sera vrai propriétaire, dans toute la force du terme, et seul maître de sa terre, qui l'aura héritée de ses pères, ou qui l'aura légitimement acquise.

Une telle faveur mérite sans doute toute la reconnaissance de messieurs les colons. Elle est bien propre à encourager l'agriculture, dont le gouvernement desire sur toute chose le progrès, parce qu'elle seule peut dédommager un jour l'état de ses dépenses; elle seule peut remplir ses vues; elle seule doit être

être le nerf de ces colonies et le fondement principal de leur prospérité.

Pour en hâter les progrès, j'ai été autorisé à faire recevoir dans les magasins du roi tous les grains nourriciers, tels que le froment et le riz, qui pourront être fournis par messieurs les cultivateurs, et je leur en ferai payer un prix satisfaisant. Dans la même vue, sa majesté a consenti d'entretenir à ses frais deux flûtes et quelques brigantins pour le service de ces îles, et sur-tout pour y établir l'abondance par des transports considérables de troupeaux qui seront tirés de Madagascar.

Pour mettre les colons en état de réaliser le fruit de leurs travaux passés et de fournir aux avances que la culture demande, sa majesté leur a accordé spécialement des lettres-patentes qui obligent la compagnie des Indes à acquitter promptement toutes ses dettes envers eux, et qui déterminent la valeur des papiers qui ont jusqu'ici tenu lieu de monnaie.

Enfin, pour faire régner l'ordre et la justice, sans lesquels il n'y a point de prospérité, le roi a créé un nouveau conseil supérieur et un tribunal terrier dans chacune de ces îles. Sa majesté nous a choisis, Messieurs, pour être dans celle-ci les juges de nos frères. Elle nous a confié le dépôt saint de nos lois qui assurent aux citoyens ce qu'ils peuvent avoir de plus précieux sur la terre, la sureté, la liberté des personnes et la propriété des biens. Le glaive de la puissance législative est entre nos mains pour protéger le faible, le pupille, la veuve et l'orphelin contre les poursuites de l'oppresseur puissant.

Que nos fonctions sont augustes! Qu'elles sont consolantes pour les personnes honnêtes! Mais qu'elles sont terribles contre tout homme assez dépravé, s'il s'en trouvait jamais dans cette colonie, pour oser attaquer la propriété de ses concitoyens, pour oser troubler l'ordre public! Malheur à tout ennemi de l'ordre; le bras vengeur de la loi est levé sur sa tête. Il n'échappera pas à notre vigilance.

Malgré la sévérité de nos lois qui ne distinguent entre les hommes que l'innocent et le coupable, pour défendre l'un par le sacrifice de l'autre, souvenez-vous, Messieurs, que l'objet de ces lois saintes est moins de punir les coupables, que d'empêcher les hommes de le devenir. Ce serait les outrager et les méconnaître, que de les croire instituées pour tourmenter des malheureux, et souiller la terre de leur sang.

Les peines n'ont été ordonnées que pour arrêter les délits, pour honorer et maintenir les mœurs, pour protéger la vertu. C'est ici que les fonctions du magistrat paraissent encore plus augustes. Il est le prêtre de la vertu: son seul regard doit dissiper le vice. Plein de l'esprit et de l'enthousiasme de la loi, qui a pour unique objet de conserver la pureté des mœurs, il doit par son exemple, par ses hommages à la vertu, la montrer si bienfaisante, si belle, si digne de tous les respects, que les hommes vicieux, en la voyant, soient plus frappés de la crainte de lui manquer, que de celle même des supplices.

Vous voyez, Messieurs, combien vos fonctions, qui paraissent aujourd'hui, par les ordres du roi, détachées de celles du gouvernement et de l'administration de cette colonie, sont néanmoins liées étroitement avec elles.

Le but du gouvernement d'une colonie, comme de toute autre société, doit être le plus grand bonheur possible de cette même colonie. D'où peut venir le plus grand bonheur possible d'une société quelconque ? Je vais, Messieurs, vous développer là-dessus tous nos principes. Une administration pure fuit l'ombre du mystère, elle ne cherche pas le secret. Je vous révélerai sans crainte tout celui de la nôtre.

Le plus grand bonheur possible d'une société quelconque ne peut venir que de l'ordre moral, comme la conservation de tous les êtres inanimés ne peut subsister que par leur harmonie, qui est l'ordre physique. Qu'est-ce que l'ordre moral? C'est l'accomplissement de tous les devoirs prescrits par la nature, par la religion, par la société; et l'accomplissement de tous les devoirs, c'est la vertu.

Tel fut le décret immuable du grand Etre, telle est sa volonté suprême, que tout ce qui existe de raisonnable, d'animé et d'insensible, tout ce qui est sorti de sa main créatrice ne peut subsister que par *l'ordre*.

C'est ainsi que se conserve cette multitude de corps immenses qui roulent sur nos têtes, et qui composent l'univers. L'harmonie de leurs marches régulières les maintient. Qu'un seul s'égarât de la route qui lui est prescrite, l'univers serait dans la confusion ; bientôt, par les chocs de ces masses énormes, les fondemens de la nature seraient ébranlés, et tout ce qui fut créé toucherait à sa destruction.

Le monde moral est sujet aux mêmes lois. La vertu, qui est l'amour de tout ce qui doit être aimé, l'amour de l'ordre, la pratique de tout ce qui est louable et l'accomplissement de tous les devoirs, la vertu seule assure la conservation des êtres libres et raisonnables; elle peut seule fonder des sociétés durables. Seule elle peut les conduire infailliblement à tout le bonheur qu'il est permis aux hommes de desirer sur la terre.

Toute législation, tout gouvernement, tout systême d'administration qui n'auront pas pour base *la vertu*, seront fondés sur le sable, et manqueront leur but, qui doit être uniquement le plus grand bonheur des hommes.

C'est pour avoir méconnu cette pierre fondamentale de leur édifice, que tant de législateurs, après s'être alambiqué l'esprit, pour former des institutions bisarres, n'ont fondé que des sociétés passagères qui ont étonné la terre, comme des éclairs, et ont disparu de même, du milieu des nations.

Ne vous y trompez pas, Messieurs; ni l'honneur, ni la crainte, ni quelque vertu particulière, rien ne peut égaler la vertu, qui est l'accomplissement de tous les devoirs. Sans elle, l'harmonie morale, nécessaire à la conservation et à la félicité de tous les êtres raisonnables, ne saurait subsister; ou plutôt elle est elle-même cette harmonie.

Point de nation vraiment puissante, point d'empire durable, point de trône solidement établi, point de société florissante, point d'homme heureux sans la vertu. Rapportons-nous-en à l'expérience des siècles passés. L'histoire de toutes les nations nous les montre constamment heureuses et puissantes, sous l'empire de la vertu; faibles, et bientôt détruites, après l'avoir abandonnée.

Cette colonie elle-même n'est-elle pas une preuve du principe que j'avance? A quelle extrémité le désordre ne l'a-t-il pas conduite? Et malgré les dépenses énormes, faites pour son établissement, que deviendrait-elle aujourd'hui, si elle était livrée à elle-même? Sans la bonté du roi, qui a bien voulu se charger des frais nécessaires pour la rétablir, on eût été obligé de l'abandonner.

Enfin tel est le décret bienfaisant du grand maître qui préside au sort des humains, qu'ils ne peuvent lui plaire qu'en se rendant heureux par la vertu.

Vous voyez donc, Messieurs, d'un même coup-d'œil, quel est le principe, quel sera le but de notre administration, et combien les fonctions honorables dont vous vous êtes chargés, vous y donneront de part.

Notre desir, notre intérêt, notre félicité seront de gouverner cette colonie comme une famille, et de la rendre heureuse sous l'empire de la vertu. En votre qualité de magistrats, vous en êtes les défenseurs, les protecteurs-nés, vous êtes donc nos coopérateurs immédiats.

Attendons-nous, Messieurs, à éprouver des contradictions. Ce serait mal connaître les hommes, que de croire qu'on puisse leur faire du bien impunément. Si nous venions ici avec l'intention malheureuse de laisser subsister le désordre, et d'en profiter sourdement, nous ne manquerions pas d'approbateurs. Des hommes avides se présenteraient de toutes parts pour augmenter eux-mêmes notre fortune, en grossissant la leur aux dépens de l'état et de la colonie. Après avoir tout laissé perdre, nous retournerions dans notre patrie, riches, comblés des bénédictions bruyantes de tous les hommes vicieux qui auraient profité de notre faiblesse ou de notre infidélité.

Loin de nous des sentimens aussi bas et aussi contraires à ce que nous devons à Dieu, à la patrie, au roi, à la confiance de son ministre, à la colonie, à nous-mêmes. Nous préférerons les contradictions du vice à ses applaudissemens; nous aurons le courage et la force de rétablir l'ordre, malgré lui. Ses mesures, son indignation, ses efforts mêmes serviront au triomphe de la vertu.

Grâces en soient rendues au ciel : malgré la contagion du vice, il reste encore ici beaucoup d'ames honnêtes. Réunissons-nous, Messieurs, faisons corps avec tous les hommes vertueux. Assez et trop long-tems, ils ont gémi sous le règne du désordre, dont le parti était trop puissant contr'eux, et pour le malheur de la colonie, contre le chef lui-même, trompé par celle de toutes ses vertus qui est la plus chère à son cœur, c'est-à-dire, par sa propre bonté.

Que les hommes vertueux, assurés aujourd'hui de la plus ferme protection du gouvernement, armés de toute la force des lois, marchent la tête levée ; qu'à leur tour, ils fassent trembler le vice, en lui présentant la sainte image de la vertu.

Donnons, Messieurs, à cette colonie, trop long-tems désolée sous l'empire tumultueux des passions, donnons-lui un spectacle nouveau, celui de tous ses citoyens vertueux, ligués pour faire son bonheur.

Approchez donc, vous tous qui avez résisté jusqu'ici à la contagion du désordre, approchez. Dans quelque état que vous soyez, vous êtes nos frères, nos coopérateurs; respirez enfin, ne craignez plus les efforts du vice puissant ; vous êtes faits pour en triompher. Le premier acte de notre autorité sera de nous joindre à vous pour vous aider à le confondre. De votre côté, aidez-nous par vos conseils : ils seront reçus avec reconnaissance, dès qu'ils tendront au rétablissement de l'ordre, et au bien de la colonie. Sur toutes choses, n'oublions pas que la vertu seule peut ramener ici le bonheur que le vice en a chassé, et que la vertu est l'accomplissement de tous les devoirs. Aimons nos frères, même ceux que le vice rendra nos contradicteurs. Ce ne sera pas par la haine que nous les ramènerons, mais par la douceur, compagne aimable de la vertu. Nous les ramènerons par notre soumission au code admirable de la nature, aux lois sages de la société, qui rendraient tous les hommes justes les uns envers les autres, s'ils les consultaient.

Nous les ramènerons sur-tout par l'exemple que nous leur donnerons de l'attachement le plus inviolable à la religion sainte de nos pères; religion divine, dont toutes les vérités aussi consolantes que sublimes, satisfont si bien le cœur en élevant l'esprit; religion bienfaisante, dont tous les préceptes ne furent donnés aux hommes que pour leur bonheur.

Ce sera, Messieurs, en remplissant nous-mêmes ces trois genres de devoirs tous liés entr'eux, que nous réussirons sur-tout à rétablir l'ordre, à faire régner la vertu, qui seule peut rendre cette colonie heureuse.

Par la force de nos exemples et par nos soins, les mœurs pures et simples de la nature seront en honneur.

Les pères et les mères mériteront ces beaux titres, en donnant à leurs enfans tous les soins prescrits par la nature et par la raison. Ils en seront respectés, et les vieillards le seront aussi par la jeunesse. L'union régnera dans toutes les familles, et entre tous les citoyens.

Les maîtres, sensibles au cri tendre et puissant de l'humanité outragée, goûteront le plaisir délicieux d'adoucir le sort de leurs malheureux esclaves, n'oublieront jamais qu'ils sont des hommes semblables à eux.

L'esclave dédommagé, suivant l'esprit de la loi, de la perte de sa liberté, par la connaissance de sa religion, consolé par la certitude de ses promesses, encouragé par la sagesse de ses maximes, servira son maître avec joie et fidélité. Il se croira libre et heureux, même dans l'esclavage.

La majesté sainte de notre religion gagnera tous les cœurs et soumettra tous les esprits. Ses ministres, fidèles à leurs devoirs, seront honorés comme les dispensateurs des biens du ciel.

La patrie sera servie avec amour et fidélité ; le chef se regardera comme le père ; l'administrateur, comme l'économe ; le soldat, comme le défenseur; le colon, comme le nourricier; le marin, comme le pourvoyeur de la famille.

Lorsque chacun remplira ainsi tous ses devoirs, alors l'île sera en sureté contre toute invasion du dehors; le bonheur régnera au-dedans; alors ce petit morceau de terre habité par des hommes vertueux, deviendra un objet digne des regards et des bienfaits du ciel; alors les navigateurs qui aborderont dans ses ports, qui y seront reçus et alimentés comme des frères, ne les quitteront plus qu'à regret; et d'après ce qu'ils auront vu, ils iront chez toutes les nations annoncer ce que peut la vertu pour le bonheur des hommes.

EXTRAIT
DU VOYAGE

Fait en 1769 et 1770 aux Isles Philippines et Moluques, par les vaisseaux la corvette du roi, le Vigilant, *et le bateau* l'Etoile du Matin, *sous le commandement de M.* Evrard de Trémigon, *lieutenant de vaisseaux, commandant* le Vigilant ; *présenté par le sieur* d'Etcheverry, *lieutenant de frégate, commandant* l'Etoile du Matin, *d'après les vues de P.* Poivre, *pour la recherche des arbres à épiceries.*

La corvette le Vigilant et le bateau l'Étoile du Matin, en rade au Port-Louis, Isle de France, en conformité des ordres du roi, furent destinés pour faire le voyage des îles Philippines et Moluques. Le 18 mai, M. de

Trémigon partit de l'Isle de France, et donna des ordres particuliers au sieur d'Etcheverry de l'aller joindre à Queda, en passant par le détroit de Malac.

En conséquence des instructions que M. de Trémigon laissa par écrit au sieur d'Etcheverry, il partit le 5 juin de ladite année, et arriva à Achem, le 17 juillet suivant : son bateau faisait, depuis le 9 de ce mois, quarante-huit pouces d'eau par heure. Le sieur d'Etcheverry y trouva M. de Trémigon, avec qui il en partit le 19. Ils firent route pour Queda où ils arrivèrent le 23. Dans cette traversée, l'Etoile du Matin faisait à l'heure soixante pouces d'eau.

A peine eut-il mouillé, qu'il demanda des ordres à M. de Trémigon pour faire caréner son bateau. Il le fit exécuter avec tant de célérité, qu'il fut en état de partir le 10 août suivant pour Manille, où il arriva, avec le Vigilant, le 18 septembre, et ils y relâchèrent jusqu'au 16 de l'année 1770.

Instruit qu'il y avait aux environs de Manille une chûte d'eau, dont les bains produisaient des effets et des cures admirables, il s'y fit porter, se trouvant malade ; l'usage qu'il en fit pendant plus d'un mois le rétablit. Ces bains guérissent de la goutte et de beaucoup d'autres infirmités. Cette eau se jette successivement dans quatre bassins différens; dans le premier, elle est si chaude, qu'en y trempant, pendant six minutes, une volaille, on n'en retire que les os.

Le 16 janvier 1770, M. de Trémigon donna ordre au sieur d'Etcheverry de le suivre aux îles de Miao et à Taffoirey : c'est alors qu'il lui communiqua le sujet de leur mission; ils y arrivèrent le 8 mars; et, jusqu'au 10, ils firent sans succès la recherche des épiceries; ce qui décida M. de Trémigon à faire route pour Céram. Sur les quatre heures du soir de cette journée, M. de Trémigon fit signal au sieur d'Etcheverry de se rendre à son bord, et lui dit que les moussons de l'ouest (1), pouvant rendre leur retour de Céram à Timor trop dangereux, il estimait qu'il valait mieux

---

(1) Que les malais nomment *moussin baarat*. Le mot mousson ou monson ayant donné lieu à plusieurs étymologies absolument fausses, nous croyons devoir indiquer sa véritable origine. Ce mot vient du malais : *moussin* (saison). Ainsi *moussin timor* (saison de l'est); *moussin baarat* (saison de l'ouest);

aller en droiture dans cette dernière île; ce qui fut décidé par le conseil assemblé. En conséquence le sieur d'Etcheverry retourna à son bord; mais à peine eut-il appareillé, qu'on lui fit un nouveau signal; et M. de Trémigon lui dit qu'il avait changé de résolution, en vertu de laquelle il revint à son bord, accompagné de M. *Prevost*, subrécargue, avec ordre d'aller continuer seul ses observations dans la partie de l'est des îles Moluques. M. de Trémigon continua sa route pour Timor, et le sieur d'Etcheverry prit celle de Céram; c'est depuis ce jour, qu'il n'a eu aucune connaissance du Vigilant qu'à son retour à l'Isle de France, où il arriva vingt-cinq jours avant l'Etoile du Matin.

---

moussin attara (saison du nord); *moussin salatan* (mousson du sud). C'est ainsi que les malais et les indiens en général indiquent les quatre principales saisons de l'année, et les vents qui soufflent pendant ces saisons.

MISSION

Faite aux îles Moluques par le sieur d'Etcheverry, depuis le 10 mars 1770, jour de la séparation, jusqu'au 25 juin suivant, jour de son retour à l'Isle de France.

Le 15 mars j'arrivai à la vue de Céram, sans avoir essuyé d'autres mauvais tems que quelques contrariétés. Du 16 au 17, j'ai éprouvé de très-vifs ressentimens d'un tremblement de terre; et le 18, malgré les dangers pressentis, j'ai mouillé à une lieue d'un village où je me fis transporter; et d'après mes recherches, ne prévoyant pas y tirer des instructions relatives à mes vues, pendant la nuit je revins à mon bord. Le 22 j'ai mouillé à plus d'une lieue d'un autre village que je ne pus serrer de plus près par les calmes; je me rendis à terre avec M. Prevost. Les personnes destinées à la garde de cet établissement ne voulurent pas nous laisser descendre; mais à force de leur prouver des

R

besoins supposés, ils nous le promirent et nous firent escorter; ce qui rendit mes démarches aussi infructueuses que les précédentes.

Cette non réussite, bien loin de ralentir la ferme résolution que j'avais prise de ne point revenir sans rapporter les épiceries desirées (pour l'enlèvement desquelles on avait fait depuis plus de vingt-cinq ans des voyages inutiles), ne fit que l'augmenter. De retour à mon bord, je fus mouiller dans une baie éloignée de ce dernier village, dans la partie de l'est, de sept lieues. M. Prevost étant alité, je descendis dans mon canot avec deux matelots seulement, ayant intention de m'avancer dans les terres où j'étais fondé à avoir des craintes; et ne voulant point compromettre le pavillon du roi, ni exposer mon vaisseau à être saisi, je crus ne devoir point en diminuer l'équipage déjà trop faible, et d'ailleurs épuisé par la dureté du voyage, et prévoir ainsi tous les moyens de le sauver au cas que je fusse arrêté. En conséquence, j'ordonnai très-expressément à mon second d'appareiller, aussitôt que les gens de mon canot auraient tiré deux coups de fusil, signal que je leur avais enjoint de faire, en retournant bien vîte à leur bord, dès qu'ils s'appercevraient qu'on chercherait à s'emparer d'eux ; laquelle tentative aurait prouvé ma détention.

Les choses ainsi disposées, et au risque de tout ce qui pourrait m'arriver, je me mis en route. Aux proximités du rivage, je vis un homme occupé à la construction d'une barque : il me parut de la dernière surprise en voyant un vaisseau français dans ces parages; et aux questions qu'il me fit, je lui répondis que, faisant route pour Timor, la rapidité des courans m'avait entraîné depuis Bouzo ; et que des besoins indispensables m'amenaient à terre. Cet homme parut très-touché de la cruelle situation où je lui avais déclaré être réduit ; car il me permit de mettre pied à terre : mais ayant vu dans mon canot deux fusils, deux sabres et deux pistolets, il ne voulut pas que mes gens m'accompagnassent, et ne souffrit pas même que je prisse les dernières armes.

J'avais eu la précaution de me munir d'argent et de présens : j'en offris à cet hollandais, qui les accepta, en me priant d'aller dans sa case, qui n'était pas éloignée de son chantier. Je suivis cet homme, quoiqu'il fût presque nuit close : arrivé chez lui, il me fit passer dans un cabinet séparé, m'observant qu'il ne voulait pas que je fusse vu par des noirs malais, qu'il avait sous ses ordres ; peu-après, il m'apporta des rafraîchissemens, et je passai la nuit avec cet homme, qui, comme on le verra, m'a favorisé dans mes entreprises.

Cet hollandais m'avoua qu'il était européen, ainsi que les raisons qui le détenaient dans ces lieux ; il me fit mille questions qui me prouvèrent non seulement ses connaissances dans la marine, mais encore qu'il était un bon hydrographe ; ce qu'il me confirma en me montrant ses ouvrages. Il ne me cacha pas les justes griefs de la haine implacable et bien fondée qu'il avait contre sa nation. Cette confiance sans bornes m'inspira le desir de lui accorder la mienne, sans m'écarter de la prudence que j'ai toujours observée dans tout le cours de ma mission.

L'inspection qu'il me fit faire de différentes cartes marines, avec des observations analogues à une parfaite connaissance du local des îles Moluques me donna l'envie de les acheter. Mon hollandais fit d'abord quelques difficultés. Je le gagnai si bien qu'il me les remit de la meilleure grâce du monde pour le prix que je lui en offris.

Quelque confiance que cet homme pût me témoigner, je n'osai m'ouvrir à lui sur l'objet important de ma mission, craignant que les mots de *gérofliers* et *muscadiers* ne lui inspirassent quelques soupçons nuisibles à mes opérations. Lui ayant fait plusieurs questions sur le cabotage des vaisseaux de sa nation à Céram, il me répondit qu'ils étaient trop occupés à la garde de l'île d'Amboine, qui renfermait le plus précieux dépôt de leur commerce. Il entra dans le détail de la production des muscadiers et des gérofliers; voilà où je l'attendais; il m'ajouta que les gardiens de ces richesses des hollandais étaient d'une surveillance difficile à surprendre. Il semblait que l'affection de mon hôte s'accroissait à chaque instant; il me dit, avec cette effusion de cœur qui ne laisse point d'équivoque à la franchise, qu'il y avait à l'île de Gueby des muscadiers et gérofliers de la même qualité qu'à Amboine; que cette île n'était habitée que par des malais; que son abord était d'autant plus difficile pour tous les européens, qu'ils regardaient les hollandais comme leurs ennemis implacables. Cette haine est d'autant mieux justifiée, que ces derniers ne s'occupaient qu'à détruire les épiceries qui croissent dans leurs îles.

Cette prévention de mon honnête hollandais ne me rebuta point; je lui témoignai, par les adieux les plus affectueux, une sincère reconnaissance de tout ce qu'il avait fait pour moi, et je fus rejoindre mes deux hommes pour retourner à mon bord, où tout mon monde avait eu les plus vives inquiétudes sur ma longue absence, et je fis aussitôt route pour l'île de Gueby, quoique cela fût contraire aux ordres que j'avais reçus. Malgré les réflexions que m'avait fait faire ce que cet hollandais m'avait détaillé au sujet de cette île, le violent desir que j'avais de la connaître moi-même, pour accélérer ma mission, l'emporta. Je m'en approchai, et le 6 avril je mouillai près d'un village ; alors je vis paraître un essaim de malais armés qui augmenta dans un instant, et qui faisait bonne contenance.

Je descendis à terre avec M. Prevost, portant le pavillon du roi. Les insulaires ayant reconnu que nous n'étions point hollandais, et ne connaissant que leur pavillon, envoyèrent au-devant de nous plusieurs de leurs chefs, qui nous reçurent avec toutes les politesses possibles, nous assurant que leur roi, qui était absent, serait charmé de nous voir; ils nous conduisirent dans leurs cases, et nous proposèrent des rafraîchissemens, en attendant le retour de leur prince, qu'ils firent avertir de notre arrivée. Le roi revint le même jour : nous fumes avec le gros de sa nation le recevoir à son débarquement; il nous fit l'accueil le plus gracieux et le plus flatteur; et nous ayant fait des questions pleines de douceur, il me prit par la main et nous conduisit chez lui. Je lui fis des présens qui le flattèrent beaucoup, et qu'il reçut avec des marques de grande satisfaction. Il me développa son mécontentement sur la conduite des hollandais à l'égard de sa nation, et combien il serait flatté d'appartenir au roi de France, si sa majesté jugeait à propos de former des établissemens chez lui, pour le délivrer entièrement de la tyrannie de ses maîtres actuels; et sa haine se manifesta au point qu'il fit déchirer ses pavillons, et qu'il fit arborer celui de France; je lui remis les toiles nécessaires à cet effet, et je le revêtis moi-même d'un de mes habits uniformes, duquel il parut enchanté.

Il me pria de faire planter moi-même le pavillon; et pendant la cérémonie tous les insulaires formèrent un cercle, en faisant les plus grandes acclamations. J'alléguai au prince les raisons les plus plausibles sur la difficulté, dans la circonstance où je me trouvais, de former aucun établissement auprès de lui: mais je l'assurai que je rendrais moi-même compte à sa majesté, et à son ministre, de ses dispositions favorables. Je saisis cet instant pour lui demander s'il ne pouvait pas me faire remettre quelques curiosités qui pussent être agréables à mon roi; il m'en laissa le choix: je n'hésitai pas un moment, je lui désignai les muscadiers et gérofliers. Il me répondit qu'il en était privé par la destruction que les hollandais en avaient faite; mais qu'il allait s'occuper de cet objet, en envoyant de ses sujets affidés à l'île de Patany, distante de sept lieues, lesquels seraient obligés de pénétrer trente lieues dans les terres pour pouvoir s'en procurer d'une espèce propre à la réproduction. Il continua à me faire offre de services les plus ardens; il me dit de n'être point inquiet sur l'absence de ses gens, qui mettraient plusieurs jours à leur expédition.

Le roi de Patany, plus puissant en forces, allié et protecteur de celui de Gueby, ayant été informé de notre arrivée, s'imagina que c'était quelque hostilité qu'on voulait exercer chez ce dernier : il assembla aussitôt toutes ses forces, qu'il fit embarquer dans des pirogues au nombre de plus de quatre-vingts, et dont les plus petites pouvaient contenir au moins vingt hommes. La majeure partie des pirogues étaient armées de petites pièces de canon et de pierriers, d'espingolles ; cette flotte vint en très-bon ordre, le roi à la tête, dans l'intention de fondre sur nous, et de délivrer son allié, qu'il croyait notre prisonnier.

Ils s'annoncèrent par plusieurs décharges, et ne furent pas peu étonnés de me voir aller les joindre avec le roi de Gueby, qui leur parla dans les termes les plus flatteurs de son alliance avec nous. Le roi de Patany en parut si satisfait, qu'il desira s'y joindre, et m'accabla des marques les plus sincères de bienveillance. Lorsqu'il put distinguer le pavillon blanc arboré à Gueby, il ordonna aussitôt qu'on déchirât les siens, et me promit toute sorte d'agrémens, si nous voulions aussi avoir des établissemens chez lui : je lui fis les mêmes réponses qu'à son allié. Nous nous rendîmes tous à terre ; on y fit de nouvelles protestations d'amitié. Les députés du roi de Gueby étaient déjà revenus avec la quantité de muscades que je pouvais desirer, et que je fis embarquer avec tous les soins imaginables pour pourvoir à leur conservation.

Mes vues n'étaient pas remplies ; je desirais y joindre des gérofliers, qu'on n'avait point apportés. Sur la demande que j'en fis, le nommé *Bagousk Hundes*, principal chef du roi de Patany, s'offrit à m'en procurer, si je pouvais attendre huit jours. Je me déterminai à ce sacrifice, quoique je fusse extraordinairement inquiet sur les obstacles que que je pouvais éprouver par le changement des moussons. Je profitai de l'intervalle, pour envoyer mon canot avec un de mes officiers, pour faire aux environs de Gueby les observations que je croyais nécessaires. Ils me rapportèrent quelques particularités qui ne méritent point d'être citées; mais je crois devoir instruire qu'ils ont trouvé, dans la partie de l'ouest, à quatre lieues du village où j'étais, un très-beau bassin nommé *Poulaseau*, à l'abri de tous vents, et dans lequel on peut mouiller cinquante vaisseaux de ligne.

Le tems que j'avais prévu pouvoir donner au retour de Bagousk était expiré; je perdais espérance de le revoir : n'osant m'exposer à la contrariété de la mousson, qui commençait à se déclarer, je me déterminai à quitter l'île de Gueby, touché très-sensiblement de ne pouvoir emporter l'objet qui pouvait perfectionner ma mission. Je mis à la voile; le peu de frais me fit faire un chemin si médiocre, que je ne perdis pas l'île de vue; cet heureux contre-tems me procura la satisfaction de voir arriver Bagousk avec les gérofliers, sur lesquels je n'osais plus compter. Cette circonstance me procura la visite des rois de Patany et de Gueby, qui vinrent à mon bord avec Bagousk me remettre l'objet dont ils étaient chargés. Je leur témoignai toute ma satisfaction, en leur faisant des présens tels que ma situation pouvait me permettre. Je quittai ces princes avec les témoignages de la plus parfaite intelligence, et promesse de ma part, que, sous le bon plaisir du roi et de son ministre, je reviendrais les voir, et cimenter avec eux un traité à la satisfaction des deux nations, et je leur donnai des signaux de reconnaissances, si mon retour était déterminé. Je fis toute la diligence possible pour quitter le détroit, et me rendre à l'Isle de France, en passant par celui de Bonton, qui devait nécessairement abréger mon voyage.

Malgré toutes mes précautions, j'y rencontrai cinq vaisseaux gardes-côtes. Le commandant envoya aussitôt un canot chargé d'européens armés, à la tête desquels étaient deux officiers et un interprète, qui me firent les questions les plus captieuses, en me témoignant leur surprise de me trouver dans des pays absolument étrangers au commerce des français. Je leur alléguai que je sortais de la baie de Manille, et que mon intention était de relâcher à Batavia pour me rafraîchir, et ensuite me rendre à ma destination. Ils parurent satisfaits de mes raisons, prirent le nom de mon vaisseau et le mien, et me laissèrent aller en liberté, persuadés que mon bateau était à un particulier, et non au roi. Ils m'invitèrent, de la part de leur commandant, à mouiller auprès de lui, en me promettant tous les secours dont j'aurais besoin ; ils prétendaient m'y engager avec d'autant plus de raison, qu'ils voulurent me convaincre que j'aurais trouvé des courans contraires à la route que je me proposais de tenir. Ce conseil ne me paraissait pas assez sage, ni la chose assez vraisemblable pour que je pusse en faire usage : je fus cependant obligé, pour éviter des récifs, de passer à la portée de voix de ces cinq gardes-côtes, que je remerciai de leurs offres, en poursuivant ma carrière, le tems et les vents me favorisant autant que je pouvais le souhaiter; je passai successivement le détroit entre Lamboé et Combava, et enfin j'arrivai heureusement à l'Isle de France, le 25 juin suivant.

J'ai remis vingt milliers de muscades, tant en graines qu'en plantes, et trois cents gérofliers, à messieurs le chevalier *des Roches*, gouverneur, et *Poivre*, intendant aux Isles de France; et avec leur agrément, je me suis rendu en France pour aller rendre compte au ministre de sa majesté d'une mission importante, qui a comblé de joie tous les habitans, qui ont déjà la satisfaction de voir les heureux succès de la plantation qu'ils ont faite desdites plantes et graines (1).

---

(1) Ces plantations ont si heureusement réussi par les soins de Poivre et de son digne ami, le cit. Céré, que l'on a bientôt transporté un grand nombre d'individus à Cayenne, où ils ont également réussi. En juillet 1793, le jardin national de Cayenne avait distribué plus de deux mille individus gérofliers, poivriers, canneliers, arbres à pains, etc. Il lui en restait encore environ soixante-dix-sept mille à distribuer, sans compter une pépinière d'environ quatre-vingt mille gérofliers. On voit que, pour peu que le gouvernement favorise les établissemens et les entreprises de ce genre, nous ne dépendrons plus de nos voisins, pour les épices et pour plusieurs autres productions exotiques.

LETTRE
DE M. POIVRE
AU PÈRE CŒURDOUX.

LETTRE
DE M. POIVRE
AU PÈRE CŒURDOUX.

Mon révérend Père,

Mon premier essai de peinture, à la façon indienne, est enfin achevé; il l'aurait été plutôt sans cette paresse et cette lenteur, dont les ouvriers de ce pays-ci ne se défont jamais. Il m'a fallu user de beaucoup de patience pour les suivre dans toutes les opérations; ainsi il n'a pas tenu à moi de vous satisfaire plutôt sur les remarques que vous m'avez fait l'honneur de me demander.

Dans mon premier ouvrage, mon dessein a été non seulement de m'instruire de la façon dont les malabares peignent leurs toiles, mais encore de faire diverses expériences pour savoir si en Europe on ne pourrait pas suppléer aux drogues dont ils se servent et que nous n'avons pas.

Je n'ai même suivi la méthode avec laquelle ils travaillent et dont ils sont esclaves, qu'autant que je l'ai cru nécessaire, pour la connaître moi-même et la savoir; d'ailleurs, je m'en suis souvent écarté pour voir si l'on ne pourrait pas réussir autrement, et faire avec moins de façon des ouvrages plus finis.

Je vous avouerai que je n'ai réussi qu'imparfaitement en bien des articles : en d'autres j'ai manqué absolument; quelquefois j'ai été plus heureux. C'est le sort de ceux qui font les premières expériences, et qui, voulant perfectionner des arts trop imparfaits, commencent par secouer le joug de la coutume, et par s'affranchir des règles ordinaires. Voici donc en peu de mots les remarques que m'ont fournies les premiers essais.

1.º Je dois rendre justice aux recherches que vous avez faites (1) sur la façon dont

---

(1) Voyez une lettre du père Cœurdoux, au père du Halde, sur les teintures des indiens, tom. XIV, pag. 116--145 du recueil des *lettres édifiantes, nouvelle édition.*

les indiens peignent leurs toiles. Vos découvertes sont très-justes et fort exactes. Les amateurs des arts doivent vous savoir bon gré des connaissances nouvelles que vous leur avez fournies sur cet article. Je trouve dans votre lettre les différentes opérations de nos peintures, expliquées assez clairement et bien détaillées.

Je desirerais seulement que vous puissiez donner en Europe une notion plus distincte des diverses drogues qui entrent ici dans la peinture des indiennes. Si pour cela vous pouviez dérober à votre zèle apostolique quelque moment de loisir, vous rendriez un service réel à nos curieux d'Europe, en leur donnant de nouvelles explications sur le fruit que vous nommez cadoucaïe, et sur la plante que vous leur avez déjà fait connaître sous le nom de chayaver. Ce sont-là les deux ingrédiens les plus essentiels dont le défaut de connaissance pourrait empêcher de réussir ceux qui voudraient en Europe tenter d'imiter les peintures de l'Inde.

2.º Le cadoucaïe est un vrai myrobolan, dont, comme vous savez, nos droguistes distinguent jusqu'à cinq espèces; le myrobolan citrin; le myrobolan indien ou noir; le chébule; l'emblique, et le myrobolan bellerique : nos malabares ne se servent que des deux premières espèces, qui ont beaucoup de sel essentiel et d'huile. Après les avoir broyées, ils les mêlent avec du lait de buffle femelle. Cette espèce de lait n'est point absolument nécessaire. J'ai éprouvé que celui de vache fait le même effet. Si c'est l'onctuosité du premier qui le rend préférable au second dans ce pays-ci, la même raison n'est pas pour l'Europe où le lait de vache est beaucoup plus onctueux que tous les laits que l'on peut trouver dans l'Inde.

3.º Je ne crois pas que l'on doive attribuer l'adhérence des couleurs à cette première préparation que l'on fait ici aux toiles; elle ne sert absolument qu'à les rendre susceptibles de toutes les couleurs que l'on veut ensuite y appliquer, lesquelles s'emboiraient ou se répandraient trop, à-peu-près comme fait notre encre sur un papier qui n'est pas assez aluminé. Les chinois ont comme les indiens le secret de peindre les toiles du moins avec la couleur rouge. Avant d'y travailler ils n'y donnent d'autres préparations que celle qu'ils donnent à leurs papiers; c'est-à-dire, qu'ils les imbibent d'une mixtion d'alun et de colle extrêmement claire.

Leurs ouvrages n'en sont pas moins ineffaçables, quoiqu'il n'y ait ni cadou ni lait de buffle femelle. Ce cadou ne me paraît donc avoir aucune autre utilité que celle de noircir ce premier trait dont les malabares se servent pour marquer d'abord leur dessin après en avoir tiré le poncis. En effet, j'ai remarqué que cette drogue dont vous donnez l'explication dans l'article troisième, n'est d'abord qu'une eau roussâtre, chargée de parties vitrioliques, qui ne devient noire que lorsqu'elle est appliquée sur la préparation du cadoucaïe; ainsi la noix de galle fera le même effet.

4.° J'ai fait une autre expérience qui m'a réussi : c'est que nos toiles d'Europe sont tout aussi susceptibles des mêmes peintures que les indiennes. J'ai peint un mouchoir blanc d'une toile de Bretagne, avec la préparation de bois de sapan, lequel fait un bel effet. Je l'ai fait laver plusieurs fois, et la couleur en est toujours également brillante;

je vous l'enverrai, afin que vous puissiez en juger par vos yeux.

Je crois qu'au lieu de bois de sapan, on pourroit se servir avec plus d'avantage de teinture de bois de fernanbouc ou même de cochenille : celle-ci l'emporterait infiniment sur tout ce que l'on peut faire avec le bois de sapan qui est absolument le même que ce que nous appelons en France bois de Brésil. J'en ai fait l'expérience avec un peu de carmin, lequel, quoiqu'entièrement gâté, a pourtant sur la toile autant d'éclat que les peintures les plus fraîches des Indes.

5.º Pour ce qui regarde le chayaver, dont j'ai l'honneur de vous envoyer une plante dessinée et peinte d'après nature, il est visible, que c'est à sa racine que les couleurs, au moins la couleur rouge, doivent son adhérence et sa ténacité. Avant de faire bouillir la toile peinte dans la décoction de cette racine, on ne peut impunément confier la nouvelle peinture au blanchisseur : la couleur s'efface; elle ne devient adhérente que lorsqu'elle a été suffisamment pénétrée des sels alcalis de cette racine.

Il me paraît que cette plante n'est autre chose que ce que M. Tournefort appelle, *callium album vulgare*. La description que ce savant botaniste fait de sa plante, est absolument la même que celle qu'on pourrait faire du chayaver. Au moins il est vrai que les deux plantes, si elles sont différentes, ont un même effet qui est de faire cailler le lait : c'est une expérience que j'ai faite.

Voilà, mon révérend père, toutes les remarques que j'ai pu faire sur la façon dont les indiens peignent leurs toiles, à Pondichéry; si vous les croyez justes, elles pourront contribuer au dessein que vous avez de faire passer en Europe le secret des Indes.

Il est surprenant que jusqu'ici il ne se soit trouvé dans ce pays aucun européen curieux, qni ait tâché d'enrichir sa patrie d'un art dont on peut tirer tant d'avantage. Il serait à souhaiter que nos voyageurs, en quittant leurs pays, l'oubliassent moins. Il ne se trouve guères de peuples qui ne soient en possession de quelque art particulier, dont les connaissances seraient utiles à l'Europe.

Des découvertes en ce genre seraient plus avantageuses qu'une infinité de relations exagérées et peu fidelles dont ceux qui voyagent croient avoir droit d'amuser le public. Jusqu'à présent vos révérends pères, sur-tout ceux qui travaillent aux missions de la Chine, sont les seuls qui nous aient donné l'exemple d'un travail si utile. Les peines qu'ils se sont données pour découvrir la façon dont les chinois travaillent la porcelaine, cultivent les mûriers, et nourissent les vers à soie, leur ont mérité la reconnaissance de tous leurs compatriotes qu'ils ont si utilement servis. Pourquoi un si bel exemple est-il si peu imité?

J'espère, mon révérend père, que si vous avez fait quelque nouvelle découverte, vous voudrez bien m'en faire part avec la même franchise que je vous communique les miennes.

J'ai l'honneur d'être, etc.

LETTRE

DU

PÈRE CŒURDOUX.

Cette lettre m'a donné occasion de faire quelques recherches et de nouvelles réflexions qui pourront être aussi de quelque utilité. Les voici :

1.º Quoique le cadoucaïe soit la première espèce de myrobolan de nos droguistes, les indiens ne le confondent pas comme eux, sous le même nom, avec des fruits produits par des arbres fort différens.

2.º Comme nous distinguons les cerneaux des noix mûres, de même aussi les peintres et les marchands indiens distinguent les pindjou cadoucaïes, c'est-à-dire, ceux qu'on a cueillis encore verts et tendres pour les faire sécher en cet état, de ceux qu'on a laissé mûrir avant la récolte. Ils paraissent fort différens à la vue, mais il est sûr que ce sont les fruits des mêmes arbres.

3.º La raison de cette distinction et des différentes récoltes des cadoucaïes vient de la différence des eaux âpres, propres à la peinture, dont on a parlé ailleurs, lesquelles ne sont pas absolument les mêmes, ni si bonnes par-tout, et au défaut desquelles il faut suppléer par des cadoucaïes plus âpres, comme ayant été recueillis avant leur maturité.

Par exemple, la qualité des eaux de Madras ci-devant colonie anglaise, fort célèbre dans les Indes, et prise par les français en 1746, exige qu'on se serve des cadoucaies-cadoucaïes, au lieu qu'il faut se servir à Pondichéry de ceux qui ont été cueillis en maturité. Tous les peintres indiens ne conviennent pas que ce soit le défaut d'un certain degré d'âpreté dans les eaux, qui oblige à se servir des myrobolans cueillis tendres : il y en a au contraire qui prétendent que c'est avec les eaux plus âpres qu'il faut user des pindjou cadoucaïes, lesquels ont, selon eux, moins d'âpreté que ceux qui ont bien mûri.

Quoiqu'il en soit, il est assez étonnant que les indiens aient découvert dans la différence de maturité de ces fruits, le supplément au défaut de certaines eaux, propres d'ailleurs à la teinture et à la peinture.

Ces cadoucaïes pindjou, sont d'autant meilleurs qu'ils sont plus petits; il y en a qui ont à peine six lignes de longueur : ils sont les uns de couleur brune, et les autres assez noirs; mais cette différence de couleur n'est qu'accidentelle, et ne désigne point des espèces différentes. Comme ils ont été cueillis verts, il n'est pas étonnant que leur superficie se trouve toute couverte de rides, lorsqu'ils sont desséchés. Mais parcequ'il a fallu beaucoup plus de travail pour les ramasser et pour les faire sécher, leur prix est beaucoup plus grand que celui des cadoucaïes qui ont bien mûri.

4.º Il faut mettre au nombre des pinjou cadoucaïes, une sorte de myrobolans bruns ou noirs, comme les petits dont je viens de parler, mais qui sont plus gros et plus grands que ceux dont se servent les peintres de Pondichéry, quoiqu'ils aient été cueillis étant mûrs.

J'avais peine à le croire; mais un peintre indien m'en convainquit, en cassant devant moi un de ces gros cadoucaïes, et son noyau, dont il me fit remarquer la pulpe mal nourrie et couverte d'une peau brune ; au lieu qu'un cadoucaïe bien mûr, qu'il cassa aussi, avait dans son noyau une pulpe bien conditionnée et blanche comme une amande. La raison de cette différence vient de ce que, sous un même genre d'arbre de cadou, il y en a plusieurs espèces, dont les fruits sont de grosseur différentes, comme nos pommes ne sont pas toutes également grosses, conséquemment aux différentes espèces de pommiers qui les portent.

C'est ce que j'ai appris d'un marchand droguiste du pays, que j'interrogeais sur ce sujet; car ce n'est qu'à force d'interrogations faites à plusieurs, avec beaucoup de patience, qu'on peut espérer de tirer de ces gens-ci ce qu'on en veut apprendre ; mais aussi on ne perd pas toujours son tems : l'un vous dit une circonstance qui avait échappé à l'autre.

L'embarras est quelquefois de les concilier lorsqu'ils se trouvent de sentimens opposés, et qu'ils vous disent des choses contradictoires. De nouvelles interrogaions faites à d'autres séparément, et un redoublement de patience, font enfin découvrir de quel côté est la vérité.

Mon marchand ajouta que c'était sur-tout du côté des provinces du nord que venaient les gros cadoucaïes, et que tels étaient ceux qui venaient de Surate; il me confirma aussi ce que j'ai dit plus haut sur la foi des peintres indiens, que les cadoucaïes pindjou, et les autres qui n'ont été ramassés qu'après avoir bien mûri, étaient absolument les mêmes fruits et des mêmes arbres, m'assurant que dans sa jeunesse il avait voyagé à l'ouest de Pondichéry, et jusqu'à la chaîne des montagnes voisines de la côte de Malabar, d'où l'on apporte ces fruits, et qu'il en avait vu faire la récolte.

5.º Je ne dois pas omettre ici une autre production de l'arbre cadou, et qu'on appelle cadoucaïpou; c'est-à-dire, fleur de cadoucaïe, quoique ce ne soit rien moins que sa fleur. C'est une espèce de fruit sec, ou simplement une coque applatie, et souvent orbiculaire, de couleur de feuille morte par-dessus, et d'un brun velouté en dedans. Elle est vide, et paraît n'avoir jamais rien contenu, si ce n'est les œufs des insectes qui ont probablement occasionné sa naissance ; car cette espèce de noix se trouve sur les feuilles mêmes du cadou, et est produite de la même façon que les noix de galle, et quelques autres excroissances pareilles, qui se trouvent sur les feuilles de certains arbres en Europe.

Il y a des cadoucaïpou qui ont jusqu'à un pouce de diamètre ; il y en a de beaucoup plus petites ; il y en a aussi, dit-on, de plus larges ; mais je n'ai pas vu de celles-ci. La description que fait Lémery de la noix vomique convient fort au cadoucaïpou. Dans le doute si ce ne l'était point effectivement, on en a donné une dose considérable à un chien qui n'en a point été incommodé.

Il a même paru que cette drogue lui avait fait du bien, comme elle en fait aux hommes ; car les médecins du pays l'emploient utilement contre les tranchées et les cours de ventre, moyennant quelques préparations qu'il serait trop long de rapporter, et qui ne sont pas de mon sujet. Il est étonnant qu'une drogue aussi efficace que celle-ci ne soit pas connue en Europe, ainsi que m'en a assuré une personne fort intelligente (1).

6.° Quoiqu'il en soit, cette espèce de noix plate est d'une grande utilité pour peindre les toiles, et je rapporterai d'autant plus volontiers l'usage qu'en font les peintres indiens, que j'en ai parlé trop briévement ailleurs, faute des connaissances qu'on m'en a données depuis. Voici le détail de la préparation de la couleur jaune qu'on fait avec le cadoucaïpou. Prenez-en, par exemple, quatre onces, et sans les écraser ni les broyer, laissez-les tremper pendant vingt-quatre heures dans environ quarante onces d'eau âpre. On met ensuite le tout sur le feu, après y avoir jetté une once de chayaver réduit en poudre. On fait bouillir cette eau trois bouillons, retirant le feu lorsqu'elle bout, et l'y remettant ensuite pour la faire bouillir à trois reprises; de sorte que l'eau se trouve réduite enfin à moitié.

---

(1) M. Mabille, docteur en médecine.

Versez cette eau dans un autre vase, de sorte que le cadoucaïpou reste au fond du premier, et lorsque cette eau sera devenue tiéde, vous y mettrez d'abord une once d'alun, réduit en poudre et dissous dans un peu d'eau chaude. Si avec cette eau ainsi préparée vous peignez sur le bleu, vous aurez du vert. Elle donnera du jaune, si vous peignez sur la toile blanche, préparée avec le cadoucaïe et le lait, ainsi qu'il a été dit ailleurs. Si l'on veut avoir un vert plus foncé, il faut commencer par rendre plus foncé le bleu sur lequel cette eau jaune doit passer. Pour avoir un jaune clair on retire de cette eau la quantité dont on a besoin, lorsqu'elle n'a bouilli qu'une fois. Le jaune sera plus foncé, si on retire l'eau après qu'elle aura bouilli deux fois. Il le sera bien davantage, si on laissait diminuer l'eau jusqu'aux trois quarts. On peut aussi, pour avoir un jaune plus foncé, peindre deux fois et à différentes reprises le même endroit avec la même eau. J'ai déjà averti qu'il n'en était pas de ces couleurs comme du rouge qui devient plus beau au blanchissage, au lieu que celles-ci s'effacent à force de faire blanchir la toile sur laquelle elles sont peintes.

7.º Le cadoucaïpou ne sert pas seulement pour peindre en jaune, les teinturiers l'emploient aussi pour teindre en cette couleur; mais la préparation de cette teinture est beaucoup plus simple. La voici. Pour teindre, par exemple, six coudées de toile, prenez quatre palans de cadoucaïpou; brisez-les en petits morceaux, et faites les tremper ou infuser environ une demi-heure dans seize ou dix-sept livres d'eau âpre, ou même d'autre eau, pourvu qu'elle ne soit ni salée, ni saumache. Vous la ferez bouillir ensuite jusqu'à diminution d'un quart : quand elle est un peu refroidie, on y trempe la toile, en sorte qu'elle soit bien imbibée de la liqueur; on la tord ensuite légèrement et on la fait bien sécher au soleil.

Faites de plus dissoudre dans seize livres d'eau deux palans d'alun réduits en poudre; vous la ferez chauffer jusqu'à ce qu'elle soit plus que tiéde, et vous y plongerez alors la même toile qu'on tord légèrement, et qu'on fait ensuite sécher une seconde fois au soleil. Une toile bleue, teinte dans la même prépation et de la même façon, se trouve teinte en vert : l'on teint encore en jaune avec moins de préparation et de frais.

On prend pour la même quantité de toile un palan de cadoucaïpou qu'on brise avec un cylindre sur une pierre, en y jettant un peu d'eau, en sorte que cet ingrédient forme une espèce de pâte. On la fait tremper dans deux ou trois pintes d'eau qu'on passe ensuite par un linge; on y ajoute trois fois autant de la plante appelée *terramerita*, qu'on prépare de la même façon que le cadoucaïpou : on préfère celle qui vient de Bengale, à celle qui croît ici. On fait chauffer cette eau et on y plonge la toile qui se trouve teinte en jaune, après qu'on l'a fait sécher, non pas au soleil, mais à l'ombre, sans quoi cette couleur qui n'est ni belle ni ténace, rougirait ou brunirait promptement.

8.° Quant à la qualité du cadoucaïe de contribuer à l'adhérence des couleurs, M. Poivre croit devoir la lui refuser, en quoi je ne puis être entièrement de son sentiment. Il a contre lui celui des indiens ; et, suivant le mémoire de M. Paradis, sur la teinture en rouge, que je communiquerai dans la suite, on emploie ce fruit pour la teinture dans laquelle il ne s'agit nullement de gommer la toile, comme on fait le papier sur lequel on doit écrire. L'exemple des chinois qui peignent fort bien en rouge sans cadoucaïe prouve au plus que c'est un ingrédient qui leur manque, ou qu'ils y suppléent d'ailleurs comme ils ont fait pour le chayaver qui parait leur être inconnu.

9.° Pour décider la question, savoir, si le chayaver est la même plante que le gallium album vulgare, le plus court serait d'en envoyer de la graine en France. Si elle y réussissait, on pourrait juger tout d'un coup à l'œil, si c'est la même plante qui se trouve en France et dans les Indes. Si c'est la même, M. Poivre a rendu un service considérable aux teinturiers, en leur faisant connaître la vertu d'une plante si utile, qu'on avait sans savoir s'en servir. Si ce n'est l'est pas, il aura au moins fait plaisir aux botanistes, en leur découvrant un nouveau gallium ou caille-lait, qui a, ce me semble, échappé à l'auteur de l'hortus malabaricus. Ce qui me fait douter que ces deux plantes soient la même, malgré les rapports qu'elles peuvent avoir, c'est qu'aucun botaniste n'attribue au gallium album vulgare les longues racines qui caractérisent en quelque sorte le chayaver des Indes.

Voilà, mon révérend père, les remarques que j'ai faites à l'occasion de la lettre de M. Poivre, qui a peint au naturel une plante de chayaver; elle pourrait, ce me semble, faire plaisir aux curieux, aussi bien que sa lettre.

———

RAPPORT

FAIT

A L'ACADEMIE DES SCIENCES,

Sur le transport des plants de cannelliers et de gérofliers, à l'Isle de France, tiré de l'histoire de cette académie, pour l'année 1772, 1.ere *partie, pag.* 56--61.

L'ÉVÉNEMENT duquel nous avons à rendre compte dans cet article, est en même-tems une conquête pour la botanique et pour le commerce du royaume.

Personne n'ignore les soins qu'a pris la république de Hollande depuis son établissement dans les Indes, et les guerres terribles qu'elle a eu à y soutenir tant contre les naturels du pays, que contre les nations européennes qui fréquentent ces mers, pour se procurer le commerce exclusif des épiceries;

c'est-à-dire, du gérofle et de la muscade ; car ils n'avaient pu réussir à priver entièrement les autres nations du poivre et de la cannelle. M. Poivre étant alors chargé des intérêts de la compagnie des Indes, avait conçu le dessein de transporter dans les Isles de France et de Bourbon, des plants de ces arbres précieux ; il avait fait pour cet effet un long séjour aux Isles Philippines, et plusieurs voyages dans les Moluques ; mais la tentative qu'il avait faite en 1754 n'avait pas eu tout le succès qu'il en attendait. M. le duc de Choiseul ayant été chargé du ministère de la marine, sentit toute l'importance de cette expédition ; et pour y parvenir plus sûrement, il engagea M. Poivre à reprendre l'intendance des deux Isles de France et de Bourbon. M. le duc de Praslin, qui lui succéda dans ce ministère, adopta les vues de son prédécesseur, et fit partir en 1767 M. Poivre chargé des ordres du roi sur ce sujet ; celui-ci ne fut pas plutôt arrivé à l'Isle de France, qu'il pensa à s'acquitter de sa mission, et jetta les yeux sur M. Provost, comme le plus capable, de l'aveu de toute la colonie, de bien conduire une pareille entreprise. Il est aisé de voir combien elle était difficile et hasardeuse, et à quels risques l'exposeraient ceux qui en seraient chargés, soit de la part des mers peu fréquentées qu'il fallait parcourir, soit de celle des habitans du pays dont il fallait s'attirer l'affection, soit enfin de celle des hollandais, très-jaloux de ce commerce exclusif qu'ils avaient eu tant de peine à se procurer.

Malgré tous ces obstacles, M. Provost s'embarqua en 1769 sur la corvette du roi, *le Vigilant*, commandée par M. de Trémigon, et après avoir relâché à Pondichéry et à Achem, où ils furent joints par le bateau *l'Étoile du Matin*, commandée par M. d'Etcheverry, ils continuèrent leur route et se rendirent à Manille, et de-là à l'île d'Yolo. Le dessein de M. Trémigon était de se rendre à Timor; mais M. Provost proposa de passer sur le bateau, et de travailler de son côté à la recherche qui faisait l'objet de leur mission. Je suis forcé malgré moi de supprimer le détail de tous les obstacles qu'il eut à aincre; mais enfin ils arrivèrent heureusement à l'Isle de France, le 25 juin 1770, et y ibarquèrent une bonne quantité de pieds de fruits de muscadiers et de gérofliers, qui furent distribués, tant dans le jardin de l'intendance, qu'à divers habitans de cette île pour être cultivés.

Quelqu'avantageuse qu'eût été cette première importation, elle n'avait pu être suivie d'un succès suffisant pour s'assurer d'une jouissance perpétuelle; elle n'avait pas été fort considérable; il se trouvait dans ce nombre plusieurs muscadiers sauvages, inutiles pour le commerce, et malgré l'attention qu'avait eue M. Provost de prendre tous les renseignemens possibles, et même d'amener quelques habitans du pays, plusieurs des plants étaient péris, faute de la culture qui leur était propre, et si le reste pouvait se conserver, ce n'était qu'au bout d'un grand nombre d'années qu'on pouvait espérer d'en faire un objet de commerce. Dans ces circonstances, M. Poivre, de concert avec M. le chevalier des Roches, gouverneur général de ces îles, résolut une seconde expédition, qui fut, comme la première, composée de deux bâtimens, la flûte du roi, *l'Isle de France*, commandée par M. le chevalier de Coëtivi, enseigne des vaisseaux du roi, commandant cette expédition, et la corvette *le*

Nécessaire, commandée par M. Cordé, ci-devant officier des vaisseaux de la compagnie. M. Provost s'embarqua le 25 juin 1771, sur la première; cet armement avait deux objets, l'un apparent, qui était d'aller chercher à Manille des vivres et des munitions, dont la guerre dont on était alors menacé autorisait la demande; et le second plus secret, qui était la recherche des plants et graines de muscadiers et de gérofliers. Après avoir rempli le premier objet, ils partirent de Manille le 29 décembre 1771, et ils prirent leur route vers l'archipel des Moluques, sous prétexte d'éviter la rencontre de l'ennemi : nous supprimons ici le détail de leur voyage pour en venir plus promptement à leur arrivée à une des îles de cet archipel, pour y prendre les informations des gens du pays que M. Provost y avait pratiqués dans son premier voyage. Ils y apprirent que les hollandais paraissaient avoir quelque soupçon; qu'ils avaient vu passer des vaisseaux de cette nation à la vue de cette île, ce qui n'était pas ordinaire, et témoignait quelque dessein, et qu'eux-mêmes n'étaient pas sans inquiétude.

Ces nouvelles firent changer le plan des

opérations, et ils prirent le parti d'aller mouiller au sud de l'île à un petit port inhabité : là les habitans vinrent les trouver, et au moyen de beaucoup d'instances, de promesses et de présens, ils promirent d'avertir des mouvemens et des projets que pourraient former les hollandais, et, ce qui était au moins aussi important tous les secours possibles relativement à l'objet de leur mission.

Dans ces circonstances, M. le chevalier de Coëtivi, et M. Provost, résolurent de se séparer; le premier alla à une île voisine pour tâcher d'obtenir de son côté des plants et des graines, et de les apporter à l'autre île, où M. Provost était demeuré avec la corvette, et où il avait formé une espèce d'établissement pour y conserver ces plants précieux. M. Provost ne perdait pas un moment pour faire diverses expéditions avec le bateau dans les îles voisines, et se procurer par ce moyen un grand nombre de plants et de graines; et nous verrons bientôt combien cet.e activité lui était nécessaire. M. de Coëtivi revint dès le 9 mars, et peu de tems après M. Provost remarqua quelque refroidissement dans les gens du pays, et fut informé qu'on tramait une entreprise sur sa vie; il prit sur cet avis les précautions qu'il crut nécessaires, sans interrompre ses opérations, mais il n'en eut pas long-tems besoin. Dès le 26, un envoyé d'un roi du voisinage vint à bord du vaisseau de M. de Coëtivi l'avertir que les hollandais armaient puissamment à Ternate contre les deux navires français, et lui offrit du secours pour se maintenir dans le poste où ils étaient; mais comme il ajouta qu'il était presqu'impossible que l'armement hollandais fut assez tôt prêt pour arriver avant le 25 avril, cette circonstance fit qu'on se détermina à congédier cet envoyé avec des remercîmens et des présens pour son maître et pour lui, et à pousser l'opération avec toute la vivacité possible. La nombreuse collection de plants et de graines fut encaissée avec toutes les précautions nécessaires et répartie sur les deux navires, qui partirent le 8 avril, et après s'être séparés au sortir des détroits, arrivèrent heureusement à l'Isle de France, le premier le 4, et le second le 6 juin 1772.

Dès le lendemain on débarqua les plants, et on les examina. Il paraît par une lettre de M. Poivre, du 16 juillet 1772, que le nombre des muscades, soit germées, soit prêtes à germer, passe le nombre de quarante mille, et qu'il en a rempli, ainsi que des plants de muscade et de gérofle, non seulement les Isles de *France et de Bourbon*, mais encore les îles *Seichelles* qui sont sous la même latitude sud, que l'île de *Banda*, c'est-à-dire, quatre degrés et demi, en accompagnant ces plants d'un imprimé à l'usage des cultivateurs, pour la conduite de cette culture, qui dans la première importation, n'avait pu réussir, faute de ces instructions.

La seule chose dont il restait à s'assurer, était que les plants et les graines qu'on avait apportés étaient véritablement des muscadiers et des gérofliers qui produisent les muscades et le gérofle du commerce; l'examen qu'en fit feu M. Commerson qui était alors à l'Isle de France, ne laissait pas trop lieu d'en douter, mais pour en être encore plus assuré, on crut devoir envoyer à l'académie des essais de ces plants et de ces graines, avec les copies des procès-verbaux qui constatent, que ces essais font partie des plants et des graines qui avaient été importés dans cette dernière expédition; voici maintenant ce qui résulta de l'examen qu'en fit l'académie.

La branche d'un pied de long sans fleurs, mais avec de belles feuilles qui étaient séchées en herbier, sous le nom de *branche de géroflier*, les fruits mûrs mis à part dans un paquet séparé, et dûment examinés et comparés avec les figures des auteurs les plus exacts, et sur-tout à celles de *Rumphius* qui a dessiné cet arbre sur les lieux, ont paru être précisément de la même espèce; ses feuilles elliptiques, pointues aux deux bouts, minces, entières, pointillées, opposées deux à deux en croix, sa fleur régulière, à quatre pétales, a plus de vingt étamines posées sur l'ovaire qui devient en mûrissant une écosse à une loge, couronnée par les quatre feuilles persistantes du calice, et contenant une seule amande à deux globes; tant de caractères nous assurent que ce genre de plants a été placé exactement sous son ancien nom de *cariophyllus*. Les fruits du muscadier, enfermés dans quatre bocaux, ont offert trois espèces du même genre, ceux du bocal, qui a pour étiquette le non de *pala parampuan*, c'est-à-dire, en langue malaise, muscade femelle, sont assez exactement sphériques, composés d'une écorce ou brou jaunâtre, semblable à une pêche, de deux pouces de diamètre, marqués d'un sillon vertical par lequel elle s'ouvre en deux vulves très-épaisses, formant une loge qui contient une noix recouverte en partie par un *macis* charnu, jaunâtre, très-aromatique; cette noix est mince, fragile, et contient une amande à un seul lobe, en tout semblable à la muscade du commerce, avec cette seule différence qu'elle est moins brune et plus blanchâtre, n'ayant pas été passée à l'eau de chaux; elle ressemble enfin parfaitement à celle dont *Rumphius* a donné une bonne figure dans son *herbarium amboinicum*, *volume XI, planche IV*, sous le nom générique de *pala*, et dont il a représenté quatre autres variétés ou monstruosités, quoiqu'il en connût sept; selon lui cette muscade s'appelle en malais, *pala parampuan*, ou muscade femelle : les autres espèces qui sont sauvages et ovoïdes, plus alongées, se nomment *pala-lakki-lakki*, ou muscades mâles ou longues; aussi les variétés du muscadier vrai, qui ont des feuilles et des fruits alongés, s'apellent-elles *pala-lakki param-puan*, ou muscades femelles longues. Le bocal n.º 2, de M. Poivre, en présente de semblables, attachés à une branche dont les feuilles sont alternes, épaisses, longues de trois à cinq pouces. Les muscades du bocal n.º 3, étiquetées *pala-lakki-lakki*, ou muscades mâles ou sauvages longues, diffèrent des précédentes, en ce que leur fruit est d'un quart plus petit, figuré en poire, ou plutôt pointu aux deux extrémités, long de deux pouces sur un pouce et demi de largeur; et c'est celui que Rumphius a représenté sous le même nom, *planche V du même ouvrage.* Enfin le bocal n.º 4 contenait, sous le nom de *petite fausse muscade des Moluques*, des fruits semblables à de petits abricots, de seize lignes de long sur dix lignes de largeur, qui peuvent se rapporter au moins, quant à la description, au *pala* de la *planche VI* de Rumphius.

Il résulte donc de ces examens, qu'il est exactement vrai que la branche et les fruits du géroflier envoyés à l'académie par M. Poivre, et présentés par M. Provost, sont celles du géroflier du commerce; que les deux sortes de muscades appelées en malais, *pala parampuan*, et *pala-lakki parampuan*, sont aussi les deux espèces de muscades longues et rondes usitées dans le commerce; qu'enfin il est également constaté par les procès-verbaux datés et signés par les notables de l'Isle de France et de celle dè Bourbon, que la culture de ces deux épices a été établie par M. Poivre dans ces deux îles et dans les îles Seichelles; et nous pouvons encore ajouter qu'elle a depuis été établie dans la colonie de Cayenne.

L'académie a cru devoir donner avec quelque détail le précis de cette expédition, et y consacrer, pour ainsi dire, le nom des Argonautes français. Ceux qui firent la célèbre conquête de la Toison d'Or, n'avaient pas certainement en vue un objet si utile, ni peut-être de si grands périls à redouter.

EXTRAIT

EXTRAIT DU VOYAGE AUX INDES ET A LA CHINE, PAR SONNERAT,

Tom. I, pag. 81, édition in-4.°

CHAPITRE V.

De l'Isle de France.

Les épiceries donnent des espérances mieux fondées (que l'indigo). MM. de Trémigon et de Coëtivi les y portèrent en 1769 et 1771. Ces deux expéditions furent faites par M. Poivre, intendant des Isles de France et de Bourbon, qui, ne cherchant qu'à enrichir ces deux colonies, n'épargna rien pour procurer cette nouvelle branche de commerce.

On a prétendu jusqu'à présent que les épices venues à l'Isle de France perdraient de leur qualité; mais ceux qui ont avancé ces faits, sont reconnus pour des personnes jalouses de la gloire que M. Poivre avait acquise pendant son administration. Cet intendant a eu des ennemis et même en a encore dans la colonie, parce que l'homme utile est presque toujours en butte à l'envie, et la victime de l'ingratitude.

FIN.

TABLE DES MATIÈRES

Contenues dans ce volume.

Préface de l'éditeur, pag. iij

Notice sur la vie de P. POIVRE, 1

Voyages d'un philosophe, ou observations sur les moeurs et les arts des peuples de l'Afrique, de l'Asie et de l'Amérique, 73

Côtes Occidentales d'Afrique, 76

Cap de Bonne-Espérance, 78

Madagascar, 87

Isles de Bourbon, 91

Isle de France, 94

Observations faites à la côte de Coromandel, 97

Machine pour arroser les terres, 100

Labourage, 102

Troupeaux de moutons et autres, id.

Jardins, 104

Cocotier, 105

Etat de l'agriculture dans le royaume de Siam, 108

Etat de l'agriculture chez les malais, 116

Le sagou, 124

Suite des observations sur l'état de l'agriculture chez différentes nations de l'Afrique et de l'Asie, 133

Puissance de l'agriculture. Origine du royaume de Ponthiamas, 137

Camboye, Tsiampa. 143

Cochinchine, 144

Culture de différentes espèces de riz en Cochinchine, 146

Canne à sucre, 151

Cérémonie de l'ouverture des terres, 185

Encouragement de l'agriculture, 187

Attention du gouvernement chinois, 188

Impôts établis à la Chine, invariables, 190

Dîme, id.

Comparaison de l'agriculture de l'Afrique et de l'Asie, à celle de la Chine, 192

Etat de l'agriculture en Europe, 194

En Afrique, id.

En Amérique, 195

En Asie, id.

Discours de P. POIVRE, à son arrivée à l'Isle de France, aux habitans de la Colonie, assemblés au gouvernement, 199

Discours de P. POIVRE, à la première assemblée publique du conseil supérieur de l'Isle de France, 233

Extrait du voyage fait aux Isles Philippines et Moluques, présenté par d'Etcheverry, d'après les vues de P. POIVRE, pour la recherche des arbres à épiceries. 253

Mission faite aux Isles Moluques, par d'Etcheverry, 257

Lettre de M. POIVRE, au père Cœurdoux, sur la teinture des Indiens, 273

Lettre du père Cœurdoux, 281

Rapport fait à l'académie des sciences, sur le transport des plants de cannelliers et de gérofliers, à l'Isle de France, 293

Extrait du voyage aux Indes et à la Chine, par Sonnerat, 305

A RIOM, DE L'IMPRIMERIE DE J. SALLES.

Mémoires de l'académie des sciences, année 1786. 1°
page 585.

Mémoire sur l'importation et le progrès des arbres à épiceries dans les colonies françaises.

Ce mémoire contient un précis historique de tout qui a été entrepris ou exécuté par MM. Poivre et Céré, successivement intendants de l'Île de France.

www.ingramcontent.com/pod-product-compliance
Lightning Source LLC
Chambersburg PA
CBHW071510160426
43196CB00010B/1472